KB058039

임플란트 전쟁

본격 치과 담합 리얼 스릴러

임플란트 전쟁

고광욱 지음

"치과는 왜 이렇게 비쌀까?"

임플란트
[dental implant]

상실된 치아 대신 인공치아를 심어
치아의 기능을 회복하는 치과 치료의 한 분야,
또는 인공치아 그 자체.

이 소설의 내용은 다 허구다.
만약 실제와 비슷하다면
그것은 현실이 너무나 비현실적이기 때문이다.

차례

벤츠 한 대

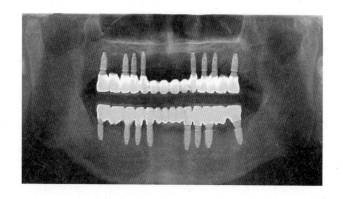

"이 환자는 입 속에 벤츠 한 대가 들어 있다고 생각하면 됩
니다."

15년 전, 치과보철학 강의 중 엑스레이 사진 한 장을 보여
주던 교수의 말이었다. 위아래 합쳐 20개 가까운 임플란트를
심은 환자의 사진이었다. 동네 치과에서도 치아 한 개당 임플
란트 수술비가 300만 원에서 400만 원 정도 하던 시절이었
다. 서울대학교에서, 심지어 교수에게 수술을 받았으니 총 수
술비는 실제로 벤츠 한 대 값 정도 나왔을 것이다. 교수는 앞
으로 임플란트가 치과의사들을 먹여 살릴 것이라고 했다. 틀

니도 이제 너무 싸져서 '겨우 200만 원'밖에 하지 않는다며, 임플란트는 한 개만 심어도 그 이상 벌 수 있다는 사실을 강조했다. 게다가 틀니는 위, 아래 두 개밖에 못하지만 치아는 20개가 넘으니 임플란트 시장은 앞으로 치과의사들의 블루오션이 될 것이라 열변을 토했다.

"여러분, 다른 건 몰라도 임플란트만큼은 확실하게 배워놓고 졸업해야 합니다."

교수는 그날의 강의를 이렇게 끝냈다. 지나치게 비장했던 교수의 표정이 아직도 생생하다.

'그래, 결국 임플란트 때문에 이 사단이 난 거겠지.'

광호는 짧은 한숨을 내쉬며 생각했다. 10년 전 처음 치과 문을 열 때만 해도 이런 일들을 겪게 될 줄은 몰랐다. 그저 개원하느라 진 빚을 갚으려면 몇 년이 걸릴까 하는 고민뿐이었다.

이제 올 때가 됐는데 하고 생각하는 순간 내선전화가 울렸다.

"원장님, MBS에서 오셨어요. 원장실로 안내할까요?"

"아니요. 원장실은 좁으니까 상담실로 모셔주세요."

뉴스에 나올 화면인데 이왕이면 인테리어가 예쁜 상담실이 좋겠다고 생각했다. 원장실을 나서려다 다시 돌아섰다. 가운 소매에 피가 좀 튀어 있다. 오전에 어려운 사랑니를 뽑느라 애를 좀 먹었었다. 내일부터 입으려고 세탁해놓은 가운으로 바꿔 입고 상담실로 향했다.

배신자

"안녕하세요, 원장님. MBS 한민영 기자입니다. 처음 뵙겠습니다."

"네, 반갑습니다. 권광호라고 합니다."

뉴스 인터뷰는 처음이다. 가운 속으로 마이크를 착용하고 치의학 서적과 상담용 모니터가 있는 쪽을 향하도록 카메라를 설치했다. 촬영기사가 '전문가다워' 보이도록 모니터에 엑스레이 사진을 띄워달라고 요청했다.

"카메라 보지 마시고 저 보시면서 편하게 말씀하시면 돼요. 틀리면 다시 하면 되니까 긴장하지 마시고요."

이제 서른이나 됐을까 싶은 기자가 미소를 지으며 말했다.

첫 질문이 시작되었다.

"공정거래위원회가 한국치과협회에 과징금 처분을 내렸습니다. 그 금액이 꽤 큰데요. 50억이에요. 적은 금액이 아닌데 이번 처분의 근거가 된 '덤핑치과 블랙리스트'라는 게 도대체 뭔가요?"

덤핑이라는 단어에 순간 얼굴이 화끈해졌다. 인터뷰에서 아무리 길게 대답해봐야 방송에는 한두 마디 정도 나온다고들 했다. 최대한 짧고 간결하게, 하지만 임팩트 있게 대답해야 한다.

"네, 임플란트 가격 담합을 따르지 않은 배신자들의 명단입니다."

배신자라는 단어에 힘을 줬다. 질문지를 쳐다보던 기자가 잠시 눈을 들어 광호를 쳐다봤다.

"배신자라고요?"

"네, 치과협회는 저희를 배신자로 취급했습니다."

예상했던 답변이 아닌 모양인지 잠시 생각에 잠긴 기자가 질문지를 내려놓았다.

"그렇다면 치과협회가 임플란트 가격을 담합해 왔다는 말씀이신가요?"

기다렸던 질문이다.

"네, 맞습니다. 각 지역협회를 통해서 임플란트 수술비를 담합했습니다. '○○시에서는 임플란트 가격을 150만 원 이상으로 한다.' 이런 식으로 회칙이 만들어져 있습니다."

"흠. 놀랍네요. 그렇다면 덤핑치과 블랙리스트는 협회가 정한 가격보다 싸게 하는 치과들의 명단인가요?"

"네, 맞습니다. 그런데 덤핑이란 말, 이상하지 않으세요?"

광호의 질문에 기자가 잠시 눈을 굴렸다. 덤핑이라는 단어의 뜻을 생각하는 것 같았다.

"그러네요. 덤핑이라고 하니까 왠지 문제가 있는 가격처럼 느껴지는데요? 원래 덤핑이란 말은 원가 이하의 헐값으로 가격을 정한다는 뜻이잖아요."

"바로 그 점을 노리고 덤핑이라는 이름을 붙인 것입니다. 임플란트를 싸게 하는 치과들이 마치 문제가 있는 곳인 것처럼 느껴지게 하려는 거죠."

"아…… 그래서 덤핑치과 블랙리스트군요."

기자가 천천히 고개를 끄덕였다.

"공정위 발표 내용을 보면 협회가 영업방해를 했어요. 어떤 영업방해가 이루어졌나요?"

잠시 말문이 막혔다. 10년 동안 믿을 수 없을 만큼 다양하고 치졸한 방법으로 괴롭힘을 당해왔다. 어떤 것부터 말해야 할까.

"임플란트 재료를 구할 수가 없었습니다. 한국치과협회 회장이 임플란트업체 대표들을 식당에 불러놓고 '덤핑치과에 재료 납품하지 말아라, 안 그러면 불매운동 하겠다.' 이렇게 협박을 했습니다."

"회장이 직접 협박을 했다고요?"

"네, 저희가 녹취록을 확보하고 있습니다. 한국치기공협회에도 덤핑치과와 거래하지 말라고 협박을 했어요. 치기공이 뭔지 아시나요? 흔히 알고 계시는 금니 같은 치과보철물을 만드는……."

"네, 알고 있습니다. 그것도 증거가 있는 건가요?"

"아예 공문을 보냈습니다. '시장 질서를 어지럽히는 덤핑치과와 거래하는 기공소는 협회 차원에서 보이콧하겠다.' 이렇게요. 그것도 가지고 있습니다."

"아니, 그걸 공문으로 보냈다고요?"

기자는 어이없다는 표정으로 코웃음을 쳤다. 광호는 치과계의 민낯을 드러내는 것이 창피했다. 얼굴이 붉어졌다. 화면에 얼굴이 시뻘겋게 나오면 어쩌나 걱정이 됐다.

"재료도 못 구하고 기공소와 거래도 못하면 제대로 진료할 수가 없었겠는데요?"

"네, 치료를 제대로 진행할 수가 없었습니다. 사실 협회가 환자들을 볼모로 인질극을 벌인 것이나 마찬가지였어요. 환자들이 '역시 싼 병원은 문제가 많구나' 하고 느끼게 만들어서 병원을 망하게 하려는 거였죠."

할 말은 한참 더 남았지만 광호는 이 정도면 됐다고 생각했다. 어차피 뉴스엔 한두 마디밖에 나가지 않는다.

"그런데 원장님은 왜 임플란트 가격을 낮추셨어요?"

인터뷰는 짧게 끝났다. 촬영기사가 장비를 정리하는 동안 데스크 직원이 가져다준 커피를 마시던 기자가 물었다.

어려운 질문이었다. 광호는 임플란트 수술비를 낮춘 적이 없다. 처음부터 100만 원이었다. 그 후 몇 년마다 조금씩 내려서 지금은 80만 원을 받고 있다. 의료장비 할부도 끝났고, 대출도 꽤 많이 갚아 여유가 생겼기 때문이다. 그런데 처음부터 100만 원이었다고 대답하면 왜 처음부터 싸게 받았냐고 물을 것이다. 당시 주변 치과들의 임플란트 가격은 250만 원에서 300만 원 사이였다. 광호도 주변 치과들과 비슷하게 받았다면 할부금도 대출도 더 빨리 갚았으리라.

"그냥 환자분들한테 가격 얘기하는 게 너무 불편했어요."

"네? 왜요?"

"'임플란트 하나에 300만 원입니다.' 이렇게 입이 잘 안 떨어졌어요."

광호는 부산에서 서울로 온 유학생이었다. 평범한 월급쟁이 아버지를 둔 광호에게 하숙비와 등록금은 무거운 짐이었다. 그나마 명문대에 다닌 덕에 조금만 부지런히 과외 아르바이트를 하면 그럭저럭 감당해낼 수 있었다. 하지만 가끔 예상 못한 일로 몇 십만 원 정도를 더 쓰게 되는 달에는 가계부가 심하게 꼬였다. 치과대학을 졸업하는 데는 등록금 말고도 돈이 많이 들었다. 책값도 비쌌고 구입해야 할 실습 재료도 많았다. 치과의사 면허시험을 준비하는 졸업반 시절에는 아르바이트도 버거워 결국 아버지에게 손을 벌렸다. 아들의 부탁을 아버지는 매번 들어주었다. 하지만 급한 돈이 50만 원이나 100만 원쯤 되면 아버지도 곧바로 보내주시지는 못했다. 며칠이 걸렸다. 모으셨거나 빌리셨으리라. 200만 원 혹은 300만 원, 이런 숫자가 보통 사람의 어깨를 누르는 무게감을 광호는 잘 안다.

"그냥 제가 생각해도 좀 비싼 것 같아서 처음부터 싸게 받았어요. 그래도 환자분들이 좋아하시니까 소개 환자도 많아져서 충분히 먹고살 만큼은 남더라고요."

기자 일행을 배웅하고 원장실로 돌아왔다. 이제야 좀 실감이 난다. 임플란트 수술비를 100만 원으로 정했던 것이 이렇게 큰 잘못인 줄은 애초에 몰랐다. 지난 10년 동안 다시는 겪고 싶지 않은 많은 일들이 있었다.

지난 봄, 촛불의 힘으로 새로운 정부가 출범했다. 새 공정거래위원장은 한국치과협회에 50억 원의 과징금을 부과했다.

'죗값도 결국은 돈으로 환산되는구나.'

광호는 정말이지 자본주의스러운 세상이라고 생각했다.

종일 모든 뉴스 프로그램에 관련 소식이 전해졌고, 오늘 밤에는 MBS 메인 뉴스에 보도된다. 이런 사건의 한가운데에 자신이 서 있었다는 현실이 카메라를 마주하고서야 실감이 났다.

광호는 치과계 신문들이 이 사건을 어떻게 보도하고 있을지 궁금했다. 그들에게는 치과협회와 치과의사들이 독자이고 취재 대상이며 돈줄을 쥔 광고주다. 철저히 한국치과협회의 눈치를 볼 수밖에 없다. 주요 치과계 신문 홈페이지 몇 군데를 둘러본 광호는 헛웃음을 지었다. 아직 단 한 곳도 보도하지 않았다.

반값

오랜만에 일찍 퇴근한 경준은 치킨 한 마리를 시켜놓고 MBS 저녁 뉴스를 보고 있었다. 지난 시절 탄핵당한 정부를 옹호하는 데만 집중한 탓에 국민들의 신뢰를 많이 잃어버린 MBS였다. 하지만 1년 가까이 이어진 총파업으로 새 사장을 맞이하는 데 성공한 이후로는 점차 뉴스 명가였던 옛 명성을 되찾고 있었다.

다음 소식입니다. 반값 임플란트가 이겼습니다. 그간 한국치과 협회는 일부 임플란트 시술을 반값에 제공하는 치과들과 갈등을 빚어왔습니다. 싼 게 비지떡이라며 저렴한 저질 재료를 사용하여 불량 시술을 하는 것이라는 치과협회의 입장과, 폭리를 일정 부분 포기함으로써 임플란트 시술을 싸게 제공할 수 있었다는 일부 치과들의 입장이 첨예하게 대립해온 것이죠. 그런데 오늘 공정거래위원회가 반값 임플란트의 손을 들어주었습니다.

'기사 제목 한 번 섹시하게 잘 뽑았네."반값 임플란트가 이겼다"라니.'

저런 표현은 기사를 쓸 때 써먹어야겠다고 생각했다. 경준은 맥주를 꺼내러 주방으로 갔다. 그때 낯익은 목소리가 들려왔다.

"○○시에서는 임플란트 가격을 150만 원 이상으로 한다.' 이런 식으로 회칙이 만들어져 있습니다."

변성기를 반쯤만 거친 것 같은 나긋나긋한 목소리에 서울 말과 부산 사투리가 섞인 어색한 억양, 광호다. 경준이 광호의 목소리를 모를 수는 없다. 각자 사는 일에 바빠 광호를 마지막으로 본 건 작년 여름이었다. 하지만 고등학교 때부터 맘 터놓고 이야기를 나누던 몇 안 되는 친구이다. 서둘러 거실로 나와 화면을 보니 광호가 맞다. 경준은 주저 없이 핸드폰을 집어 들었다.

"광호야! 네가 왜 거기서 나와? 하하하."

"봤냐? 야, 방송국 놈들 진짜 너무한다. 몇 시간 동안 준비해서 10분 넘게 인터뷰했는데 겨우 5초 나왔다, 5초!"

치과 냄새

'치과가 정말 건물마다 하나씩 있네. 뭐야, 저기는 두 개나 있어?'

광호를 만나러 가는 길이라 그런지 유독 차창 밖으로 치과들이 눈에 띄었다. 치과가 위아래 층에 나란히 두 개나 있는 건물도 있다. 하나는 뉴욕치과, 하나는 보스턴치과다.

'뉴욕, 보스턴…… 여기저기서 많이 봤는데, 체인인가? 유학파인가?'

경준은 괜히 궁금해졌다. 퇴근시간은 아직 멀었지만 도심을 벗어나는 길은 벌써 답답했다.

광호와 경준은 변두리 언덕의 냉동창고와 가죽공장 사이에 위치한 그저 그런 학군의 사립 고등학교를 다녔다. 3학년이 되자 정대장이라 불리던 열정 넘치는 선생님이 주임 교사가 되었다. 정대장은 교내 매점 건물 2층의 비어 있는 공간에 서울대반을 만들고 36명의 학생을 선발했다. 이들은 정규수업이 끝나면 서울대반에 모여 특강을 받고 자율학습을 했다. 서울대반은 책상부터 달랐다. 부직포와 유리를 겹쳐 얹은 회색 철제 책상에 서랍이 네 칸이나 있었다.

각자의 자리에는 큰 액자가 걸려 있었다. 광호의 자리에는 '서울대학교 의과대학 권광호', 경준의 자리에는 '서울대학교 경영학과 박경준'. 자리 배치는 성적순이었다. 그마저도 달마다 시험 등수에 따라 자리를 옮겼다. 광호는 늘 이과 맨 앞자리에 앉았다. 경준은 문과 자리 가운데 부근을 오갔다. 결국 15명이 서울대에 합격했다. 학교는 물론 학군 내에서도 사상 최고의 성적이었다. 정대장은 훗날 교장이 되었다고 들었다.

광호는 점수가 충분했는데도 의과대학 대신 치과대학에 진학했다. 경준은 생각보다 성적이 잘 나오지 않아 서울대가 아닌 부산 지역 국립대의 인기 학과에 진학하고 싶었다. 그런데 서울대반 학생들은 학년 초에 각서를 썼다. 수능 성적에 관계없이 무조건 서울대에 원서를 넣는다는 내용이었다. 지금 생각해보면 그깟 각서 따위 무시해도 상관없었다. 하지만 경준은 어렸고 선생님의 말은 절대적이었다. 결국 서울대의 비인기 학과에 진학했다. 광호는 치과의사가 되었고, 경준은 언론고시를 준비해 기자가 되었다.

'역시 광호 병원 맞네.'

광호의 병원에 들어선 경준은 생각했다. 병원은 서울대반 시절 광호의 책상처럼 깔끔했다. 흔한 치과 냄새도 나지 않았다.

"저, 권 원장님 만나러 온 박경준이라고 합니다. 원장님이랑 약속했는데……."

"네, 안녕하세요. 잠깐만 앉아 계세요. 원장님 지금 진료 중이셔서 끝나면 바로 말씀드릴게요."

데스크 직원이 상냥했다. 광호를 기다리는 동안 지켜보니 생글생글 웃는 얼굴에 기분이 좋다. 힘든 진료를 견딘 환자들을 웃게 만들고 있었다.

'광호한테 저 직원 월급 많이 주라고 해야겠는데.'

아파서 병원에 가면 접수대에서부터 불쾌한 경우가 많다. 무뚝뚝한 얼굴로 눈도 안 마주치는 간호사가 건성으로 접수증을 쓱 내밀 때면 돌아서서 다른 병원으로 가고 싶어진다. 의사마저 불친절하면 정말이지 왜 이런 대접을 받아야 하나 싶은 생각도 든다. 경준의 회사 건물에 있는 내과 원장이 특히 그랬다.

"저 열나고 몸이 으스스하네요."

"몸살감기입니다."

"목도 아픈데……."

"목감기."

"콧물도 많이 나요."

"코감기."

"아, 네……."

"나가서 처방전 받으세요."

진료는 대체로 이런 식이었다. 이 내과 원장이 무척 밝고 친절했던 적이 딱 한 번 있었다. 신종플루가 유행해서 온 나라가 비상일 때였는데, 대기실이 비싼 독감 예방주사를 맞으러 온 환자들로 넘쳐났었다.

"왔냐? 엄청 멀지? 밥 먹으러 가자."

조금 지쳐 보이는 광호가 진료를 끝내고 나왔다. 오래된 친구는 1년 만에 만나도 어제 만난 것처럼 편하다. 경준이 광호네 병원에 온 건 이번이 처음이다. 서울에서 좀 거리가 있는 신도시에 개원한 탓이기도 하지만, 둘 다 먼저 만나자고 살갑게 연락하는 타입이 아니기도 했다. 둘은 병원을 대충 둘러보고 근처 삼겹살집으로 향했다.

"오는데 보니까 치과가 진짜 많더라. 한 건물에 두 개 있는 것도 봤어."

삼겹살을 뒤집으며 경준이 말했다.

"강남역에 가면 한 건물에 다섯 개 있는 데도 있어."

"진짜? 요즘 치과의사들도 많이 어렵다더니, 치과가 하도 많아서 그런 거야?"

"치과의사들이 많이 어렵대?"

광호가 피식 웃으며 말을 이었다.

"예전보다는 못하단 소리겠지. 옛날에는 퇴근할 때 돈을 자루에 담아 갔다고들 하니까. 근데 정말로 어려우면 치대 점수가 왜 그렇게 높겠어. 치과의사들은 지금도 자기 자식들 치과의사 시키고 싶어 해."

"하긴 그렇긴 하다."

경준은 치의학전문대학원 입시를 준비하려는 명문대 졸업생들로 강남이나 노량진이 붐빈다는 기사가 생각났다.

"뭐 망하는 치과의사들도 있긴 하겠지. 그런데 그건 치과가 많아서라기보다 너무 다들 서울에만 몰려 있어서 그래."

"아하. 과잉이 아니라 과밀이다, 그런 얘긴가?"

"응, 맞아. 네가 기자가 맞긴 한가 보다. 표현이 입에 딱 붙네. 좋은 동네에서 자식들 학교 보내면서 살고 싶으니까 다들 꾸역꾸역 서울에서 개원하는 거지. 그래서 경쟁이 심하긴 한데, 그래도 먹고살 만큼은 되니까 그러고 있는 거 아니겠어?"

경준은 인터넷에서 본 '숙자건희'라는 말이 생각났다. '노숙자가 이건희 걱정하는 소리하네'라는 뜻이다.

"그런데 치과 이름 중에는 왜 그렇게 미국 도시 이름이 많아? 뉴욕이니, 보스턴이니."

경준은 오는 길에 봤던 장면이 생각나 물었다.

"하하. 그거 업계 비밀인데 말해줘도 되려나. 기사로 안 쓸거지?"

"응? 비밀씩이나 있어?"

"미국에서 뉴욕 치대, 보스턴 치대 이런 데가 유명하거든. 그 간판 보고 무슨 생각 들었어?"

"음. 일단 미국에서 치대를 나왔나 보다 하는 생각이 들긴하는데, 그렇다고 하기엔 또 여기저기 너무 많아."

"그중에 몇몇은 진짜 미국 치과대학을 나온 분들이 있을 거야. 그런데 미국 대학 이름을 딴 세미나만 몇 개월 듣고서 그런 간판을 달아놓은 경우도 많아. 세미나 마지막에는 실제로 비행기를 타고 미국에 있는 그 대학으로 가. 그리고 하루 이틀 정도 특강을 듣는 거지. 하지만 진짜 목적은 그 대학을 배경으로 학사모 쓴 사진을 찍어오는 거야. 영어로 된 수료증이랑 같이 병원에 딱 걸어놓으면 사람들이 어떻게 보겠어? '아, 이 병원 원장님은 미국 유학파 출신이구나, 실력 좋겠네' 할거 아냐."

"헐…… 학력 세탁이잖아. 그거 사기 아냐?"

안 그래도 잘난 분들이 그렇게까지 해야 하나 생각하며 경준이 되물었다.

"뉴욕이라고만 썼지, '뉴욕 치과대학 나왔어요'라고 쓰진 않으니까. 서울대에서 하루짜리 세미나 듣고서 서울대 마크 붙여놓은 병원도 있어."

"야아, 그건 좀 니무하다."

광호의 주량은 소주 석 잔이다. 경준의 반응에 흥이 난 것인지 아니면 취기가 오른 탓인지 광호는 신이 나서 이야기를 이어갔다.

"재미있는 건 서울대 마크 붙여놓은 한의원이랑, 고대 마크 붙여놓은 치과도 있다는 거야."

"그게 왜 재밌어? 아하, 서울대에는 한의대가 없잖아. 잠깐, 그러고 보니 고대에도 치대가 없지 않나?"

"그러니까 말이야. 알고 보니까 한의원 원장은 서울대를 졸업하고서 다시 다른 한의대를 다녔던 거고, 치과 원장은 다른 대학 치대를 졸업했는데 인턴이랑 레지던트 과정을 고대 병원에서 밟았던 거야."

"하하. 그쪽도 뭔가 스펙 경쟁이 장난 아니구나."

광호는 경준에게 치과의사들만 아는, 요즘 말로 웃픈 뒷이야기들을 더 풀어놓았다. 경준은 사람 사는 세상은 어디나 똑같구나 하는 생각을 했다.

고기도 다 먹었고, 소주병도 거의 비었다. 경준은 문득 전부터 궁금했던 질문을 꺼내놓았다.

"광호야, 너는 왜 치대를 갔어? 서울대반 있을 때는 의대가 목표였잖아. 수능 점수도 잘 나왔고."

첫 잔을 다섯 번도 넘게 나눠 마셨던 광호가 방금 받은 새 잔을 한 번에 비우며 대답했다.

"그냥. 재수하기 싫었어."

광호가 중학교 2학년이 되었을 때 부모님은 이혼했다. 보험회사에 다니던 어머니가 실적을 위해 무리하게 일을 벌이다 빚더미에 앉은 모양이었다. 아버지는 회사를 퇴직했고, 퇴직금과 얼마 안 되는 저축으로 빚을 해결하려 했지만 끝이 보이지 않았다. 결국 광호네 가족이 살던 집 한 채가 마지막으로 남았다. 아버지는 이 집만은 자식들 대학 보내고 시집장가 보낼 밑천이라며 이혼을 택했다.

"광호야. 아빠는 니 머리가 너무 아깝데이. 니는 아무 생각하지 말고 학교만 잘 다니라. 알겠나?"

어머니가 짐을 싸고 집을 떠난 날, 아버지는 광호에게 이 말 한마디만 하셨다. 그날 이후로 광호의 가족들은 어머니라는 존재가 처음부터 집에 없었던 것처럼 행동했다. 마치 지

우개로 지운 것 같다고 광호는 생각했다. 집 안의 공기는 무거웠고, 광호는 그 무게를 견디기 힘들었다. 학교를 다녀오면 방에서 좀처럼 나오지 않았다. 20년 전의 중학생은 방에서 그다지 할 게 없었다. 책상에 앉아 도망치듯 공부만 했다.

"광호야, 아빠는 니가 의사가 됐으면 좋겠데이. 의사는 사람들이 '선생님'이라고 부르는 존경 받는 직업 아이가."

해마다 학교에서는 장래희망을 물었다. 장래희망에 대해 고민할 만큼 삶이 '희망적'이지 못했던 광호는 아버지 말씀대로 '의사'라고 적었다.

수능이 끝났고 광호의 성적은 점수배치표 제일 꼭대기에 있던 서울대 의대의 점수보다 3점이 높았다.

"고생했다, 광호야. 니는 마 그냥 서울대 의대 가는 기재?"

정대장이 물었다. 진로상담실에 들어설 때까지 광호는 당연히 그럴 생각이었다. 그러나 대입 원서를 본 순간 덜컥 겁이 났다.

"선생님, 혹시 떨어질 수도 있을까요?"

"응? 그럴 수도 있지. 논술도 남았고 면접도 봐야 안 되나. 근데 니는 이만하면 안정권이다. 니는 글도 잘 쓰고 말도 똘똘하게 잘하니까 아마 될 기야."

생각에 잠긴 채 배치표를 응시하던 광호의 눈에 서울대 의대 바로 아래에 있던 서울대 치대가 들어왔다. 2점 차이였다.

"선생님, 저는 치대에 지원하겠습니다."

광호는 서울로 떠나고 싶었다. 혹시라도 1년 더 무거운 공기를 견디고 싶지 않았다.

"더 잘됐네. 요즘은 의사보다 치과의사가 더 잘나간다며."

경준이 광호의 잔에 소주를 채우며 말했다. 어렴풋이 알고는 있었지만 광호의 가정사를 이렇게 자세히 들은 건 처음이다. 덤덤하게 이야기를 풀어놓던 광호가 씩 웃으며 말했다.

"의대를 갔으면 이런 일을 안 겪었으려나. 거기도 똑같았을까?"

광호가 세 번째 잔을 비웠다. 긴장이 풀린 듯했다. 그리고 토해내듯 지난 10년의 이야기를 쏟아냈다.

덤핑

치과대학을 졸업하고 시골 보건소에서 군복무를 끝낸 광호는 당장 개원할 만큼의 돈도 경험도 없었다. 페이닥터 자리를 구하기 위해 면접을 보러 다니다 한 치과 원장과 저녁식사를 하게 되었다. 모교 후배라며 살갑게 챙겨주는 원장에게 광호는 평소 궁금했던 것들을 물어보았다.

"원장님 병원에서는 임플란트 수술비가 얼마인가요?"

광호가 식당의 다른 손님들을 의식해 작은 목소리로 물었다.

"국산은 250, 외산은 350이야."

원장은 주변을 전혀 의식하지 않고 크게 대답했다.

"꽤 비싸네요?"

"비싼 것도 아니야. 원래 국산 300, 외산 400 이렇게 했었 거든. 그런데 옆 건물에 덤핑 치는 놈이 하나 들어와서 최근 에 50씩 내린 거야."

'우와, 보통 사람 한 달 월급이네.'

속으로만 놀랐다. '덤핑 치는 놈'이란 최근 옆 건물에 새롭 게 개원한 치과의 원장을 말하는 것이었다.

"이 동네는 원래 몇 년 동안 300이었는데 그 새끼가 250으 로 해가지고 이 동네 수가가 개판이 됐어."

수가는 진료비라는 뜻이다. 그런데 덤핑이라는 말이 붙었 다. 덤핑은 원가보다도 못한 터무니없는 가격을 두고 하는 말 이다. 250만 원의 수술비가 덤핑이라면 임플란트 수술의 원 가는 도대체 얼마나 되는 걸까. 원가에는 인건비나 운영비도 포함되는 것이니 재료값이 150만 원 정도 되나 보다 하는 생 각이 들었다. 내친김에 물어보기로 했다.

"원장님, 혹시 임플란트 재료들은 가격이 얼마나 하나요?"

"재료? 그거는 얼마 안 해. 픽스쳐**랑 어버트먼트***랑 하면 10만 원 좀 넘지."

광호는 놀란 티를 내지 않으려 애썼다. 그럼 도대체 얼마가 남는다는 얘기인가.

**픽스쳐Fixture : 임플란트의 뿌리 역할을 하는 나사 모양의 고정체.
***어버트먼트Abutment : 임플란트 내부의 연결기둥 역할을 하는 부품.

"재료는 생각보다는 싼 편이네요. 그런데 외산은 재료가 훨씬 더 비싼가요? 다른 곳도 외제 임플란트로 수술하면 100만 원 정도 더 받던데……."

"어휴, 외산은 엄청 비싸지. 나는 제일 비싼 스위스 꺼 쓰거든. 27만 원에 들어와."

광호는 흠칫 놀랐다. 질문 하나를 더 하려다 선을 넘는 것 같아 속으로 삼켰다.

'똑같은 수술에 재료만 10만 원 더 비싼 걸 썼을 뿐인데 왜 100만 원이나 더 비싸지는 거죠?'

임플란트 재료가 얼마인지, 그리고 수술 한 건에 대략 얼마쯤 남는지를 알게 되니 자연스럽게 한 달에 얼마를 버는지가 궁금해졌다. 그렇다고 '한 달 수입이 얼마나 되세요?'라고 무례하게 물어볼 수는 없었다. 광호는 살짝 돌려 물었다.

"환자분들이 임플란트 많이 하시나요? 아직은 좀 비싸서 많이 못 할 것 같은데……."

"아니야, 그래도 꽤 하는 편이야. 내가 못해도 한 달 20개에서 30개 정도는 심으니까. 많이 할 때는 한 달에 50개 심은 적도 있어."

"와, 굉장히 많이들 하시네요. 생각보다 환자분들이 임플란트를 선호하시나 봐요?"

"그럼. 본래 치아만큼은 못해도 틀니보다야 백 배 편하니까. 치과 다 망해가고 있었는데 임플란트가 살렸지. 한 달에 한 10개만 심으면 일단 운영비는 빠지니까."

원장이 은근히 자랑하는 말투로 대답했다.

광호의 머릿속에 빠르게 계산기가 돌아갔다. 부럽다거나 나도 곧 그만큼 벌겠구나 하는 생각은 미처 하지 못했다. 오히려 좀 무서웠다. 살면서 경험해보지 못한 경제 규모였기 때문이다.

인민재판

경기도의 한 신도시에서 1년 반 정도 페이닥터 생활을 한 광호는 곧 개원을 준비해야 했다. 월급 올려주기를 부담스러워 하는 원장의 눈치가 보였기 때문이다. 페이닥터 구인광고마다 적혀 있던 '함께 배우며 일하실 분'이라는 문구의 의미를 그제야 알았다. 단지 월급이 싼 1, 2년 차의 페이닥터를 구한다는 뜻이었을 뿐 개원가에서 한가하게 진료를 가르치고 배울 시간 따위는 없었다.

페이닥터를 그만두고 서울에서 두 시간 거리의 창주시에서 개원을 했다. 대출금만으로 개원하기엔 수도권은 모든 것이 비쌌고, 광호에게 개원 자금을 지원해줄 사람은 없었다.

'일단 개원하면 이만큼은 금방 번다고 보는 건가.'

광호는 아무 담보도 없이 큰돈을 대출해주는 은행이 신기했다.

'진료 개시'라는 현수막이 걸린 날, 병원으로 팩스 한 장이 날아왔다. 밑도 끝도 없이 각 진료 항목에 대한 가격만 거친 손글씨로 적혀 있었다.

임플란트 230만 원

틀니 150만 원 (악당)

골드 크라운 45만 원

골드 인레이 25만 원

레진 13만 원

스케일링 6만 원

"이게 이 동네 표준수가인가 봐요."

어리둥절한 표정으로 팩스 용지를 들여다보는 광호에게 10년차 치과위생사인 실장이 대수롭지 않다는 듯 일러주었다. 원래 개원하면 지역의 원장들이 표준수가표를 보내준다는 것이었다.

"그럼 이 가격으로 해야 되는 거예요?"

"그렇게 안 하면 주변 원장님들이 가만 안 계실 걸요. 제가 우리 병원 너무 싸다고 말씀드렸잖아요."

며칠 후 광호는 창주시치과협회의 월례회에 참석하라는 연락을 받았다. 한 달에 한 번 열리는 점심 모임이었다. 월례회가 열리는 날, 만든 지 10년이 넘었다는 할머니의 틀니를 수리하느라 오전 진료가 늦게 끝났다. 광호가 도착했을 때는 이미 모임이 시작된 후였다.

"오늘 중으로 공개 사과문을 작성해서 카페에 올리도록 하겠습니다. 그전에 먼저 모두 모이신 자리에서 사과해야 한다고 장민구 원장님께서 알려주셔서 이렇게 사과 말씀드립니다."

테이블 위에는 음식이 차려져 있었지만 아무도 식사를 시작하지 않고 있었다. 그리고 벌게진 얼굴을 한 깡마른 원장이 자리에서 일어나 발언을 하고 있었다. 고개를 약간 숙이고 있던 그는 늦게 들어온 광호를 잠깐 쳐다봤다가 다시 아래쪽으로 시선을 내렸다.

"앞으로 직원들에게 선생님이라는 호칭은 쓰지 않도록 하겠습니다. 전임 최영석 회장님과 김재원 총무님도 찾아뵙고 그동안 제가 잘못한 일들 사과드리겠습니다. 치과 홈페이지에 환자들이 보기에 가격이 싸다고 느낄 수 있을 만한 표현도 전부 삭제하도록 관리업체에 요청했습니다. 며칠 걸릴 것 같으니 조금만 양해해주시면 좋겠습니다. 그리고 장민구 원장님께서 보내주신 각서도 친필로 다시 작성해서 사인을 했습니다. 스캔해서 공개 사과문과 함께 첨부해서 올리겠습니다. 무엇보다 앞으로 협회에서 정한 수가를 반드시 지키도록 하겠습니다. 마지막으로 이번 민원 건 취소해주시는 것에 대해서 진심으로 감사하다는 말씀드립니다."

워낙 마른 탓에 침을 삼킬 때마다 목젖이 움직이는 게 훤히 보였다. 그는 이미 숙이고 있던 고개를 더 깊이 숙이고 인사했다. 그러고는 가운데 자리에 앉은 스포츠머리 원장을 흘끗 쳐다보았다. 스포츠머리 원장이 눈짓을 하자 깡마른 원장은 그제야 조심스럽게 자리에 앉았다.

스포츠머리 원장이 자리에서 일어났다. 살집이 있는 다부진 체격에 짧게 깎은 머리 탓인지 좋게 보면 씨름 선수, 나쁘게 보면 조폭 같은 인상이었다. 그가 고개를 가볍게 숙여 인사하고는 발언을 시작했다.

"총무 장민구입니다. 강현욱 원장님, 수고하셨습니다. 우리 창주시는 단합이 잘되기로 유명한 지역입니다. 그래서 지금까지 우리 원장님들 별 탈 없이 이렇게 잘 지내고 계신 것이라고 생각합니다. 좋은 게 좋은 거랍시고 한두 번 넘어가기 시작하면 옆 동네처럼 수가 무너지는 거 한순간입니다. 지금도 한 번씩 전화 돌려보면 '임플란트 200만 원입니다' 이렇게 말하는 병원이 몇 군데 있는 게 현실입니다. 혹시 주변에 연락 닿는 원장님들은 반드시 제가 경고한다고 전해주십시오. 그냥 지켜보지만은 않을 겁니다. 이것저것 법 잘 지켜가면서 진료하시라고 꼭 전하십시오."

장민구의 발언이 끝나자 모두가 짧게 박수를 쳤다. 그리고 마치 아무 일도 없었던 것처럼 화기애애한 분위기의 식사가 시작되었다. 깡마른 원장의 이름은 강현욱이었다. 그는 여전히 벌건 얼굴을 한 채 수저를 들고만 있었다.

"첫날부터 좀 살벌했지요? 우리 창주시는 단합 잘되는 거 하나로 자존심 잘 지켜가면서 버티고 있어요. 다른 지역 원장들도 다들 부러워합니다. 팩스 받았죠? 권 원장님도 수가만 잘 지키면 아무 문제없이 병원 잘될 겁니다. 카페에도 가입하시고 모임에도 쭉 나오세요."

식사가 끝날 무렵 광호의 옆자리로 온 장민구 원장이 소주잔을 권하며 말했다. 실장 말이 맞았다. 팩스는 지역협회에서 보낸 것이었다. 오후 진료를 해야 하는데 술 냄새가 나면 어쩌나 걱정하며 마지못해 잔을 받았다.

정신없이 오후 진료를 끝냈다. 못하는 술도 한 잔 마신 탓에 오후 진료는 유난히 피곤했다. 직원들을 모두 퇴근시킨 광호는 원장실에 앉아 잠시 숨을 돌렸다.

'음주 진료라니……'

혹시 진료에 실수는 없었나 돌이켜보았다. 환자 중에 누군가 술 냄새라도 맡을까 싶어 오후 내내 마스크를 두 겹으로 끼고 진료했다. 기분이 영 찜찜했다. 어떤 핑계를 대야 앞으로 점심 모임에 빠질 수 있을까 생각하니 벌써부터 마음이 무거웠다.

'술을 마실 거면 저녁에 모일 것이지.'

점심 모임에서 돌아오자마자 창주시치과협회 온라인 카페에 가입해두었다. 다시 접속해보니 가입이 승인되어 있었다. 가입을 위해서는 면허증과 의료기관 개설 신고서까지 팩스로 보내야 했다. 그래도 서둘러 가입한 이유는 점심 모임에서 목격한 장면이 너무도 이상했기 때문이었다. 그것은 인민재판이었다. 자초지종을 알고 싶었다.

오늘 중으로 올리겠다는 강현욱의 말대로 공개 사과문이 이미 게시되어 있었다.

제목 : 사과의 말씀드립니다.

작성자 : 강현욱/미당치과

안녕하십니까. 미당치과 강현욱 원장입니다. 그동안 많은 원장님들께 심려를 끼쳐드린 점 무척 죄송하게 생각합니다. 저의 잘못을 인정하고 다시는 같은 잘못을 저지르지 않겠다는 의미로 이렇게 공개 사과문을 작성합니다.

원장님들께서 지적해주신 저의 잘못은 크게 다음과 같습니다.

· 월례회에서 정한 임플란트 수가 230만 원을 따르지 않고 180만 원으로 정함으로써 협회의 단합을 저해한 행위
· '부담 없는 가격', '합리적인 가격' 등 의료인으로서의 품격을 떨어뜨린 표현을 홈페이지에 사용한 행위
· 일개 치위생사 및 간호조무사에게 '선생님'이라는 격에 맞지 않는 호칭을 사용하여 위계질서를 무너뜨린 행위
· 협회 임원님들이 수차례 경고를 주시고 월례회 참석을 요청하셨음에도 이를 무시한 행위
· 전임 회장님과 전임 총무님의 면담 요청을 무시한 행위
· 이 모든 잘못을 순순히 인정하지 않고 간호조무사 엑스레이 촬영 건을 보건소에 신고당하고 나서야 뒤늦게 사과에 나선 행위

위의 사항 모두 온전히 저의 잘못임을 인정하고 진심으로 뉘우치고 있습니다. 사과드립니다. 이에 저는 다음과 같이 모든 원장님들 앞에서 약속드립니다.

- 협회가 정한 임플란트 및 보철 치료수가를 철저히 준수하겠습니다.
- 홈페이지에 진료수가와 관련한 어떤 문구도 넣지 않겠습니다.
- 직원들에게 절대 '선생님'이란 호칭을 사용하지 않고, '김○○ 씨'로 부르도록 하겠습니다.
- 월례회를 비롯한 협회의 모임에 반드시 참석하겠습니다.
- 전직 임원 원장님들을 직접 찾아뵙고 사과드리겠습니다.
- 앞으로 협회 임원님들이 부르시면 반드시 찾아뵙겠습니다.
- 위의 사항을 지키지 않을 시에는 언제든지 지난번 간호조무사가 엑스레이 촬영을 한 행위에 대해 다시 민원을 제기하셔도 그에 대한 처벌을 감수하겠습니다.

다시 한 번 사과의 말씀드리며 자필로 작성한 각서를 첨부합니다. 감사합니다.

미당치과 강현욱 원장

게시물의 첨부 파일을 열어보았다. 강현욱이 직접 손글씨로 쓰고 서명한 각서가 스캔되어 있었다.

'본인 강현욱 원장은 앞으로 협회가 정한 어떠한 방침에도 이의를 제기하지 않고 철저히 따를 것을 약속합니다.'

게시판을 거슬러 올라가보니 강현욱이 협회의 타깃이 된 것은 수개월 전이었다. 누군가 '강현욱이 임플란트 가격을 180만 원에 하고 있다'고 제보한 것이 발단이었다. 뒤이어 강현욱의 '악행'을 고발하는 글들이 앞다퉈 올라왔다.

임플란트뿐만이 아닙니다. 강현욱 원장은 골드크라운도 35만 원에 하고 있어요. 오늘도 환자 하나가 옆에 치과는 금니가 35만 원인데 여기는 왜 이렇게 비싸냐고 깎아달라고 하더군요. 아니, 그렇게 혼자 잘 먹고 잘 살고 싶으면 왜 이 동네 와서 지랄입니까. 저기 외딴 섬에 가서 혼자 잘 먹고 잘 사시라고요.

미당치과 홈페이지에 가보니 가관이네요. 들어가자마자 '합리적이고 부담 없는 가격'이라고 대문짝만 하게 써놨습디다. 아니, 그럼 우리가 받는 가격은 불합리하고 부담스러운 가격인가요? 우리도 환자 입장 생각해서 올해 들어 조금씩 내린 가격이지 않습니까? 저렇게 다른 치과의사들 욕보이는 거 그냥 둬선 안 된다고 생각합니다. 우리의 가치는 우리 스스로 지켜야 합니다. 우리가 우리 자존심을 지키지 못하는데 누가 우리를 존경하겠습니까.

우리 고매하신 강원장님께서는 참으로 고상하셔서 직원님들께도

꼬박꼬박 '선생님'이라고 부르신다네요. 오늘 우리 직원 하나가 자기 친구가 거기 있다면서 거기는 복지도 좋고 배우는 것도 많다면서 자기도 오라고 했답니다. 이거 월급 올려달라는 소리 맞죠? 직원들 착하고 일 잘한다고 잘해줬다가 뒤통수 맞은 원장님들이 여기 한둘입니까? 직원은 직원일 뿐입니다. 밥만 축내는 공룡들은 딱 그 정도로 대우해줘야 합니다. 선생님, 선생님 하다가는 우리 머리 꼭대기까지 기어오릅니다. 정도껏 하셔야지요.

강현욱은 그전부터 카페에 가입이 되어 있는 모양이었다. 분위기로 봐서는 카페에 들어와 자신과 관련된 글들도 읽고 있는 듯했다. 하지만 아무 반응도 하지 않고 있었다. 협회 임원들이 몇 차례 면담을 시도했으나 응하지 않았다는 글도 보였다. 대책을 논하는 글들이 이어지다가 한동안 강현욱에 대한 글은 잠잠해졌다. 그러다 바로 지난주에 장민구가 [긴급공지사항]이라는 말머리의 글을 올렸다.

제목 : [긴급공지사항] 강현욱 원장 민원 철회의 건
작성자 : 장민구(총무)/품격치과

여러 원장님들의 끈질긴 노력으로 그간 문제가 된 강현욱 원장의 항복선언을 받아냈습니다. 이번 월례회에 직접 나와 공식적으

로 원장님들께 사과를 드린다고 합니다. 최영석 전 회장님과 김
재원 전 총무님도 직접 찾아뵙고 사죄드리기로 했습니다. 월례회
때 공개 사과하는 모습을 보고 그 진정성을 판단하여 간호조무사
엑스레이 촬영 건에 대한 민원 철회 여부와 자료 삭제 여부도 결
정하도록 하겠습니다.

* 이번 건을 계기로 보건소에서 엑스레이 촬영이나 스케일링 등
  에 대한 무단 단속을 나올 수도 있을 것으로 생각됩니다. 각
  별히 주의해주시기 바랍니다.

광호는 상황을 대략 알 것 같았다. 협회는 월례회에서 진료
비를 담합하고 있었다. 그러나 강현욱은 이를 따르지 않았다.
협회는 몰래카메라를 지닌 위장 환자를 강현욱의 병원에 투
입해 간호조무사가 엑스레이 사진을 찍는 장면을 포착했고
이를 근거로 보건소에 민원을 제기했다. 보건소의 현지조사
가 시작되었지만 아직 협회 측은 증거자료를 보건소에 넘기
지 않은 상태였다. 협회는 아마도 민원을 취소하고 증거자료
를 없애주는 조건으로 강현욱에게 여러 가지를 요구했을 것
이다.

컴퓨터 앞에서 두 시간이 훌쩍 지났다. 광호는 환자 대기실

로 나가 데스크에 크게 써 붙여놓은 진료비 안내표를 들여다
보았다.

임플란트 100만 원

골드 크라운 33만 원

여러 원장들이 고발한 강현욱의 악행보다도 훨씬 죄질이
나빴다.

'어쩌지……'

저녁시간은 이미 지났지만 광호는 배가 고프지 않았다.

부동자세

초등학교를 막 졸업한 2월의 어느 날, 중학교 입학생 예비
소집일이었다. 500명가량의 신입생이 운동장에 모였다. 한겨
울 이른 아침의 살을 에는 추위에 아이들은 모두 오들오들 떨
고 있었다. 체육 교사일 것으로 짐작되는 트레이닝복을 입은
교사가 단상에 올랐다.

"열쭈웅 쉬엇! 차렷! 열쭈웅 쉬엇!"

열중쉬어 자세를 취한 500명의 예비 신입생을 쭉 둘러보
던 체육 교사는 한 아이를 가리키며 소리쳤다.

"거기 안경 만진 놈, 일로 올라와! 니 말이야, 니! 두리번거
리는 니!"

광호였다. 조금 전 안경이 흘러내려 단상 위가 보이지 않아 손으로 안경을 밀어 올렸다. 쭈뼛쭈뼛 걸어 나가는 광호에게 또 한 번 날카로운 외침이 날아들었다.

"안 뛰나, 이 새끼야!"

광호는 허겁지겁 단상 위로 뛰어 올라갔다.

"안경 벗어라."

광호는 무기력하게 안경을 벗었다.

"짝!"

체육 교사는 광호의 뺨을 후려쳤다. 휘청했다. 번쩍하더니 곧 날카로웠고, 다음엔 뜨거워졌다.

"짝! 짝! 짝! 짝!"

네 번을 더 맞았다.

"주먹 쥐고 엎드려 뻗쳐."

광호는 얼어붙은 듯 차가운 시멘트 바닥에 주먹을 쥐고 엎드렸다.

"열중쉬어는 부동자세다. 부동자세는 움직이지 않는다는 뜻이다. 알겠나! 다시 전교생, 열쭈웅 쉬엇!"

엎드린 광호의 눈에 아이들은 보이지 않았다. 하지만 소리만으로도 그 움직임이 얼마나 일사불란한지 느낄 수 있었다. 뺨이 너무 뜨거웠다.

"허억!"

광호는 숨을 거칠게 몰아쉬며 잠에서 깼다. 15년이 훌쩍 넘은 기억이었다. 예비 신입생 500명이 광호가 휘청거리는 모습을 지켜보았고, 체육 교사는 그 후 3년 동안 단 한 대도 아이들을 때리지 않고도 철저하게 복종시킬 수 있었다. 이 기억은 어른이 되고서도 1년에 한두 번 꿈에 나타나 광호를 괴롭혔다.

지난밤 광호는 쉽게 잠들지 못했다. 장민구가 보낸 표준수가표에 한참 못 미치는 진료비 때문이었다. 이대로 지내면 머지않아 광호도 강현욱처럼 인민재판을 당할 것이다. 하지만 진료비를 올리면 장민구의 말처럼 '아무 문제없이 병원 잘될' 것이다. 개원한 지 얼마 되지 않았으니 진료비를 올리는 게 그리 어려운 일도 아니다. 환자들도 이 동네 진료비가 다 비슷하니 크게 문제 삼지 않을 것이다. 광호의 대출도 더 빨리 끝날 것이다.

'그런데, 왜 그래야만 하지?'

100만 원은 광호가 임플란트 재료값과 병원 임대료와 직원들의 인건비 등을 모두 고려해서 결정한 가격이었다. 그렇게 정해도 여러 진료 중 가장 수익이 많이 남았다. 만약 환자들이 내일부터 갑자기 130만 원을 더 내야 한다면 그것은 무엇을 위한 지불일까. 광호는 같은 재료로 같은 방법의 치료를 할 것이다. 대신 집단 내에서 안전할 것이고 협회도 평화로울 것이다. 그리고 다른 원장들의 매출도 변함없이 유지될 것이다. 하지만 환자가 더 얻을 것은 없었다. 단지 치과의사들만을 위한 것이었다. 한겨울 다섯 번이나 내어준 광호의 뺨이 온전히 체육 교사의 편리를 위해 지불되었던 것처럼.

고뇌

"참, 원장님. 요즘 좀 이상한 전화가 몇 번 왔어요."

진료가 끝난 후 직원 문제로 이런저런 이야기를 나누던 중에 실장이 걱정스러운 표정으로 광호에게 말했다.

"어떤 전화요?"

"진료비가 얼마냐고 가격을 묻는 전화가 자주 와요."

"가격 묻는 전화는 원래 간간이 오지 않나요?"

"그렇긴 한데 최근에 오는 전화는 좀 이상하더라고요. 보통 임플란트 얼마냐, 금니 얼마냐 이렇게 한두 개만 묻고 마는데, 이번에는 여러 가지를 너무 꼬치꼬치 캐묻더라고요."

순간 광호는 장민구 원장의 얼굴을 떠올렸다.

"여러 번 왔어요? 한 사람이?"

"아니요. 아저씨한테도 오고, 아줌마한테도 오고, 한 번은 젊은 아가씨한테도 왔어요. 그런데 제가 이상했던 건 크라운, 브라켓 이렇게 치과용어를 섞어 쓰더라고요."

실장의 걱정스러운 표정이 확신하는 표정으로 바뀌었다.

"원래 저희가 '환자분 상태에 따라 진료 방법이 다양하기 때문에 직접 방문하셔서 진단을 받으셔야 정확히 말씀드릴 수 있습니다' 이렇게 응대하잖아요. 그런데 이 사람들은 기본적인 가격이 있지 않느냐면서 너무 집요하게 물었어요. 그것도 이것저것 여러 가지를……."

"음. 알겠어요. 일단 하던 대로 가급적 병원에 오셔서 상담하시라고 원칙대로 말씀드리세요."

광호는 애써 아무렇지 않은 표정으로 대답했다.

지난 점심 모임 후 두어 달이 지났다. 광호는 더 이상 월례회에 가지 않았고 카페에도 들어가보지 않았다. 핸드폰으로 모르는 번호의 전화가 몇 번 왔지만 받지 않았다. 장민구가 병원으로 두 번 전화를 했다. 진료 중이니 나중에 전화 드리겠다고 전달하게 한 후 연락하지 않았다. 그리고 진료비도 올리지 않았다.

광호는 무언가 올 것이 왔다는 느낌이 들었다. 오랜만에 카페에 접속했다. 골프, 해외여행, 외제차 등에 대한 이야기를 나누는 글들 가운데 유난스럽게 여러 개의 별 표시를 한 제목이 눈에 띄었다. 보름쯤 전에 장민구가 쓴 글이었고 말머리는 [중요공지]였다. 광호는 실장이 말한 이상한 전화의 정체를 깨달았다.

제목 : ★★★[중요공지]전화 응대에 대한 이사회 의결사항입니다
작성자 : 장민구(총무)/품격치과

최근 우리 지역에서 터무니없는 덤핑 가격으로 진료를 하는 병원이 있다는 제보가 여러 경로를 통해 들어오고 있습니다. 도저히 간과할 수 없는 수준이기에 긴급히 이사회를 열고 다음과 같이 결정하게 되었습니다.

앞으로 전화 응대 시 각 병원의 수가를 정확하게 고지하기로 결정하였습니다.

예를 들어 환자가 전화로 '제가 어금니에 임플란트를 하려고 하는데 비용이 궁금합니다'라고 물으면, 데스크 직원은 반드시 '저희 치과는 국산 임플란트는 230만 원부터 시작하고 외산 임플란트는 330만 원부터 시작하며, 뼈 이식이 별도로 필요할 경우 비

용은 80만 원입니다'라고 정확히 진료비를 고지해야 합니다.

또 다른 예로 '세라믹 브라켓 교정하는 데는 비용이 얼마나 하나요? 검사 비용은요?'라고 환자가 물으면, 데스크 직원은 반드시 '저희 치과는 검사 비용 25만 원, 장치 비용 450만 원, 월 교정료 10만 원, 유지장치 비용 50만 원, 이렇게 하고 있습니다'라고 응대를 하시면 되겠습니다.

이렇게 하지 않고 '진료비는 전화로 말씀드리기 어렵다', '진료비는 정확한 진단 후에 말씀드릴 수 있다', '환자분 상태에 따라 진료비는 달라질 수 있다', '직접 병원에 오셔서 검사한 후 알려드릴 수 있다'는 등 전화상으로 가격을 고지하지 않는 방식의 응대는 오늘부로 금지하는 것으로 하겠습니다.

이와 같이 결정한 이유는 우리 지역의 단합과 질서를 무너뜨리는 일부 이기적인 회원을 색출해내고, 그에 상응한 조치를 취하기 위함입니다. 내일부터 무작위로 실태조사가 이루어질 것입니다. 이사회의 의결사항이며 회장님의 지시사항이니 반드시 준수하시기 바랍니다.

악법도 법이라는 격언을 잊지 않았으면 좋겠습니다. 이사회와 회장님의 고뇌에 찬 조치임을 이해해주길 바랍니다. 회원님들의

적극적인 참여 부탁드립니다.

　며칠 전에 장민구의 '중요공지'를 읽은 다음부터 광호는 병원에서 전화벨 소리가 울릴 때마다 신경이 곤두섰다. 병원에는 하루에도 수십 통의 전화가 온다. 보통은 진료나 예약 문의전화가 대부분이다. 이날도 전화벨은 여러 번 울렸고 광호는 그때마다 전화를 받는 직원의 목소리에 귀가 쏠렸다. 담담해지려 해도 쉽지 않았다. 오전 진료가 거의 끝나갈 무렵 또다시 전화벨이 울렸다. 이번에는 직원의 응대가 조금 달랐다.

　"네? 원장님이요? 지금 진료 중이신데, 실례지만 누구신지 여쭤봐도 될까요? 네, 그럼 제가 말씀 전하겠습니다. 연락처를 좀 남겨주시겠어요?"

　'또 장민구인가?' 하고 생각하니 심장이 조금 빠르게 뛰었다. 흐트러지는 집중력을 억지로 끌어모아 마지막 환자를 마무리하고 원장실로 들어갔다. 잠시 후 데스크 쪽에서 환자를 배웅하는 인사 소리가 들렸다. 데스크의 내선번호를 눌렀다.

　"네, 원장님."

　"선생님, 아까 전화로 누가 저 찾는 거 같던데 누구죠?"

　"그러잖아도 메모 드리러 가려던 참이에요. 강현욱 원장님이라는 분이 전화 좀 부탁드린다고 번호 남겨주셨어요."

　장민구가 아니었다. 긴장이 확 풀어졌다.

'무슨 잘못을 했다고 이렇게 쫄아 있는 거지.'

광호는 잔뜩 쪼그라든 자신의 모습에 화가 났다.

메모를 남긴 사람은 뜻밖에도 강현욱이었다. 강현욱과는 몇 달 전 인민재판을 당하던 모습을 옆 테이블에서 지켜본 것이 유일한 인연이었다. 그날도 말 한 마디 나누지 못했다. 광호는 핸드폰을 들어 메모지의 번호를 눌렀다.

"안녕하세요, 강 원장님. 권광호라고 합니다. 메모 남겨주셔서 연락드렸습니다."

"원장님, 안녕하세요. 강현욱입니다. 갑자기 연락드려서 좀 놀라셨죠?"

주눅 든 목소리였다.

"다름이 아니고 제가 말씀을 좀 전해야 해서 이렇게 좀 갑자기 연락을 드렸습니다."

"네? 어떤……."

"저…… 장민……구 원장님 아시죠?"

강현욱은 마치 금지된 단어라도 입에 올리듯 조심스럽게 장민구의 이름을 꺼냈다.

"네, 알고 있습니다."

"그 원장님께서 권 원장님이 본인 전화를 좀 피하는 거 같다고 하시더라고요. 그래서 저한테 전화를 좀 해서 내용을 좀 전달해달라고……."

'좀'을 너무 많이 써서 거슬렸다.

"어떤 내용이죠?"

"다음 주 목요일 저녁에 긴급 이사회가 열린답니다. 거기에 좀 꼭 좀 참석을 좀 해달라고 하시네요."

"긴급 이사회에 저를요?"

"네. 꼭 좀 참석을……."

"일단 알겠습니다. 그런데 왜 그걸 굳이 강 원장님께 전달해달라고 하셨을까요?"

강현욱은 '아, 뭐, 좀, 그게'를 연발하며 말을 더듬더니 한숨을 크게 한 번 푹 쉬었다. 잠시 아무 말이 없다가 허탈한 목소리로 말을 이었다.

"권 원장님, 저보다 몇 년 후배이신 걸로 아는데 제가 참 창피하네요. 아마 원장님도 지난번에 보셨을 겁니다. 제가 약점을 잡혔어요. 원장님도 그냥 눈 딱 감고 저 사람들 하라는 대로 웬만하면 하세요. 이기기 힘들 겁니다. 선배가 돼서 참 미안합니다. 이런 소리밖에 못해서……."

처음으로 '좀'을 쓰지 않고 말했다.

'빵 셔틀도 아니고 전화 셔틀인가.'

강현욱의 힘없는 목소리가 광호의 귀에 맴돌았다. 마음 한 구석에 오기가 생겼다.

소크라테스 정신

일주일이 지나고 목요일이 왔다. 광호는 퇴근 후 강현욱이 일러준 중식당으로 갔다. 예약자를 묻는 직원에게 '치과⋯⋯' 라고만 하자 곧바로 가장 안쪽의 룸으로 안내해주었다. 방에는 네 사람이 앉아 있었다. 김남진 회장, 최영석 전 회장, 김재원 전 총무, 그리고 장민구 원장이었다. 일행은 가벼운 목례로 광호를 맞았다. 지난 점심 모임에서 통성명을 한 터라 소개는 필요 없었다. 40대 중반 정도로 가장 어려 보이는 장민구가 여유 있는 얼굴로 일어나 광호에게 악수를 청했다.

"권 원장님, 얼굴 보기 참 힘듭니다. 엄청 바쁘신가 봐요. 안 그래도 병원 잘된다고 소문이 자자하던데요."

광호의 병원은 개원한 지 몇 달밖에 되지 않아 환자가 많은 편이 아니었다. 오히려 창주시가 고향인 장민구의 병원이 가장 잘된다고 소문이 나 있었다.

"덕분에 조금씩 자리 잡고 있는 중입니다."

"에이, 권 원장님 병원 양심적이라고 환자들이 막 새벽부터 줄을 선다던데요."

"그 정도는 아닙니다."

어색한 악수와 인사를 나누고 자리에 앉았다. 양심적이라는 말 속에 가시가 있었다.

"권 원장님, 면허번호가 어떻게 되십니까?"

머리가 반백인 김남진 회장이 인자한 표정으로 광호에게 말을 걸었다. 어떤 표정을 지어야 할지 모르는 광호를 가운데 두고서 별 내용 없는 잡담을 한참이나 나누고 난 뒤였다.

"2만 천백 몇 번입니다."

"이야, 아직 한참 새내기네요. 나랑은 한 30년 차이 나겠습니다. 어떻습니까, 해보니까?"

"뭐 아직 정신없습니다. 경험도 부족하고 개원도 처음이니까요."

"나도 처음에는 그 뭡니까. 소크라테스 정신, 측은지심, 뭐 그런 거 있잖아요? 환자들한테 잘해주려고 애를 많이 썼어요. 값도 싸게 해주고, 이도 끝까지 살리려고 해보고 그랬습니다."

소크라테스 정신이라니, 히포크라테스 선서를 말하는 모양이었다.

"그런데 그런 것도 결국은 다 소용이 없다는 걸 몇 년 해보고 알았어요. 아무리 싸게 해줘도 환자들은 비싸다고 뒤에서 욕하고, 열심히 치료해줘도 좀만 아프면 돌팔이라고 소문내고. 권 원장님은 환자들이 누구 편인 거 같습니까?"

질문의 의도를 알 수 없었다. 광호가 머뭇거리는 사이 김남진이 말을 이었다.

"잘해주면 내 편 될 거 같죠? 환자들은 다 자기 편입니다. 수틀리면 바로 돌아서요. 직원들은 내 편일 거 같죠? 걔들은 다른 병원으로 옮기면 곧바로 전에 있던 병원 욕하는 애들이에요. 권 원장님, 잘 들으세요. 우리 치과의사는 참 외로운 직업입니다. 서로 도와가면서, 서로 위로해주면서 살아야 됩니다. 우리끼리 질서를 딱 잡고 단합하지 않으면 아무도 우리를 도와주지 않아요."

질서와 단합. 이제 본론으로 들어가려는 모양이었다.

"치과계의 질서라는 게 뭐냐 하면⋯⋯."

"권 원장님, 임플란트 진짜 100만 원에 합니까?"

김남진의 말을 끊고 장민구가 갑자기 끼어들었다. 김남진은 곧바로 입을 다물었다.

"네. 기본 100만 원 맞습니다. 뼈 이식 같은 추가 비용은 있습니다."

하던 말을 잘리고도 아무렇지 않아 보이는 김남진의 눈치를 살피며 광호가 대답했다.

"왜 그러는 겁니까?"

"네?"

"왜 수가를 그따위로 하냐고요?"

장민구의 말투가 예고 없이 거칠어졌다. 광호의 심장이 빨리 뛰었다.

"진료비는 각자 자율적으로 정하는 거 아닌가요?"

어느 정도 마음의 준비를 하고 온 광호가 대답했다.

"아닌데요. 누가 그렇게 가르쳤습니까? 잘난 서울대 선배들이? 그쪽 사람들은 다 그래요?"

광호가 알기로 김재원 전 총무도 서울대 출신이었다. 그러나 그는 잠자코 있었다.

"권 원장님 잘나신 건 알겠는데, 강호에 나왔으면 룰을 따라야죠. 혼자 잘났다고 그렇게 선배들 개무시하고 마이웨이하면 되겠습니까?"

"제가 언제 선배님들을 무시했습니까. 저는 그냥 제가 생각하기에……."

"그게 무시하는 거예요! 선배들이 수십 년 동안 힘들게 질서를 잡아놨는데, 혼자 잘났다고 튀면 그게 무시하는 거지 뭡니까!"

장민구가 광호의 말을 잘랐다. 목소리는 더 높아졌다. 광호는 전화기 너머로 들리던 강현욱의 힘없는 목소리를 떠올렸다. 광호는 한숨을 쉬며 장민구를 바라보았다. 장민구도 아래턱을 살짝 내민 채 광호를 응시했다.

"권 원장님은 자존심 없습니까? 남들 놀 때 힘들게 공부하고 어렵게 졸업해서 빚도 내가면서 병원 차렸는데, 원장님 가치가 그거밖에 안 됩니까? 원장님이 수가를 그따위로 해버리면 치과의사들의 가치가 그만큼 떨어지는 겁니다. 환자들이 우리를 우습게 여긴단 말입니다."

광호는 더 이상의 대화는 의미가 없다고 생각했다.

"장 원장님, 저는 제가 생각하기에 충분하다고 판단해서 그렇게 정한 겁니다. 그리고 협회에서 가격 딱 정해놓고 똑같이 따르라고 강요하는 거, 그거 담합입니다. 불법이에요. 저는 못하겠습니다."

"하하하. 부울버업이요오?"

장민구가 '불법'이라는 단어를 길게 늘이며 코웃음을 쳤다.

"신고하세요. 어디 가서 신고할 겁니까? 경찰서? 가서 신고하세요. 한 번 해봅시다, 어디."

장민구가 입꼬리를 한쪽만 올린 채 웃으며 일행들을 둘러봤다. 그제야 광호의 눈에 다른 일행의 표정이 들어왔다. 그들은 당황하지도 화가 나 있지도 않았다. 그저 한심하다는 표정으로 광호를 바라보고 있었다. 장민구가 말을 이었다.

"권 원장님, 레진 마무리 직접 하십니까? 스케일링도 위생사한테만 시키고 있죠? 크라운 세팅도 일일이 직접 하시죠? 법을 그렇게 좋아하면 법대를 가지 왜 치대를 와서 이 난립니까. 권 원장님이 법을 그렇게 잘 지키고 있는지 어디 한 번 봅시다. 법 무서운 줄 모르시는 모양이네."

장민구가 한쪽 입꼬리를 계속 올린 채 비아냥거렸다.

"죄송합니다. 저는 그냥 하던 대로 하겠습니다. 그리고 함께 식사할 분위기는 아닌 것 같습니다. 저 먼저 일어나겠습니다."

요리는 진작에 다 차려졌지만 아무도 수저를 들지 않고 있었다. 광호는 목례를 하고 자리에서 일어났다. 장민구가 미닫이문을 열고 나가려는 광호의 뒤통수에 마지막 말을 던졌다.

"강 원장이 얘기 안 하던가요? 어쩌다 그렇게 됐는지."

중식당에서의 대화는 파편이 되어 광호의 머릿속에 박혔다. 진료비를 싸게 한다고 해서 스스로를 양심적이라고 생각한 적은 없다. 반대로 다른 치과의사들을 비양심적이라고 생각한 적도 없다. 그저 환자가 선택할 몫이라고 생각할 뿐이었다. 그러나 '양심적'이라는 장민구의 비아냥은 그냥 넘겨지지 않았다.

'나 때문에 다른 치과들이 욕먹고 있는 건가.'

진료비가 싸면 치과의사의 가치도 낮아진다는 이야기도 마음에 걸렸다.

'내가 실력이 없다고 생각하려나.'

장민구의 협박은 보다 현실적인 문제였다.

'권 원장님, 레진 마무리 직접 하십니까? 스케일링도 위생사한테만 시키고 있죠? 크라운 세팅도 일일이 직접 하시고? 권 원장님이 법을 그렇게 잘 지키고 있는지 어디 한 번 봅시다.'

레진 시술은 갈아낸 충치 부위를 하얀색 재료로 메우는 치료다. 치과의사가 할 일이다. 치석을 제거하는 스케일링은 치과의사나 치과위생사만 할 수 있다. 금니처럼 치아를 통째로 씌우는 보철물을 크라운이라고 하는데, 이것을 치아에 부착하는 일을 세팅이라고 한다. 역시 치과의사가 해야 한다. 그런데 레진 시술을 직원에게 맡기거나, 스케일링을 자격 없는 간호조무사에게 지시하거나, 금니 세팅을 직원에게 시키는 등의 위임 진료 행위가 개원가에서는 관행처럼 이루어진다고 들었다. 장민구는 선전포고를 한 것이었다. 위임 진료를 적발해서 신고하겠다는 뜻이다. 위임 진료가 적발되면 보통 일정 기간 영업정지 처분이 내려진다. 병원 문을 닫아야 한다.

광호는 개원하고부터 지금까지의 시간을 돌아보았다. 환자도 많지 않은데 굳이 위임 진료를 생각해본 적은 없었다. 그런데 기억을 더듬어보니 가끔 환자들이 몰려 정신이 없을 때 다듬어놓은 금니를 세팅하라고 지시한 적이 몇 번 있긴 했다. 접착제를 발라서 끼워 넣기만 하면 되는 단순한 작업이지만 직원에게 시킨 것은 분명 잘못이었다. 이렇게 자신도 모르는 사이에 잘못한 일들이 또 있을 것이다. 경쟁 치과의 쓰레기봉투를 뒤져 환자가 버린 마스크를 찾아낸 뒤 의료폐기물 불법 배출로 신고하기도 한다는 얘기를 들은 적이 있다. 이 경우 벌금이 수백만 원이다. 털면 어떻게든 털릴 것이다.

밤새 수많은 생각이 광호를 괴롭혔다. 치과대학생 시절 신입생 환영 MT 때의 일이 떠올랐다. 술에 취한 본과 3학년 선배가 예과▮ 2학년 후배를 때렸다. 맞은 후배는 성적도 좋고, 친구도 많고, 춤도 잘 추는 인기 많은 학생이었다. 착하기도 했다. 때린 선배는 이런저런 말도 안 되는 이유를 갖다 붙였다. 맞은 후배는 마침 겨울방학을 맞아 머리를 노랗게 염색하고 귀걸이를 하고 있었다. 때린 선배가 낮에 '저 새끼는 꼬

▮ 치과대학은 6년제로 운영되며, 교양과목을 이수하는 예과 2년 과정을 마친 후 전공과목을 이수하는 본과 4년 과정에 들어간다.

라지가 왜 저러냐'고 다른 후배들에게 물었다는 얘기가 들렸다. 놀랍게도 사람들은 맞은 후배의 행실이 너무 튀었다고 이야기했다. 아무도 후배를 때린 선배를 탓하지 않았다. 이해할수가 없었다.

광호는 사건을 알리는 대자보를 썼다. 제목은 '잘못한 후배를 선배가 때리면, 잘못한 선배는 누가 때려줍니까?'였다. 학내 폭행 사건으로 비화되었다. 학생회가 중재에 나섰다. 때린선배와 그의 친구들은 새벽마다 대자보를 떼어냈고, 광호는저녁마다 다시 붙였다. 얼마 후 광호는 경고의 메시지를 전해들었다.

'본과 생활 힘들게 하고 싶지 않으면 그만 입 다물어라.'
치과대학에서는 선배가 졸업하고 레지던트▮가 되면 본과생이 된 후배에게 실습 점수를 주는 관계가 된다. 유행어처럼쓰이던 '본과 생활 힘들게 하고 싶어?'라는 선배들의 말은 농담이면서 진담이었다. 치과대학 선배들은 후배가 튀는 걸 싫어했다. 레지던트가 되어서는 튀는 본과생을 싫어했다. 교수가 되어서는 튀는 레지던트를 싫어했다.

'선배들을 개무시'하는 거라고 말하던 장민구의 한쪽만 올

▮ 레지던트: 치과의사는 치과대학 졸업 후 레지던트 신분이 되어 치과대학병원에서 전문의 과정을 밟기도 한다.

라간 입꼬리가 눈에 밟혔다. 광호는 길었던 생각의 매듭 끝을 묶었다.

'그래, 이제부터 원칙대로 해보지 뭐.'

집사님

진료비를 캐묻는 전화는 더 이상 오지 않았다. 광호를 찾는 전화도 없었다. 협회의 카페에도 들어가보지 않았다. 병원의 모든 일상을 재점검했다. 약점 잡힐 만한 요소는 모두 바로잡았다고 생각했다. 그리고 한 달이 넘도록 아무런 일도 일어나지 않았다.

"어머님 핸드백이 엄청 좋은 건가 봐요. 매번 손에 꼭 쥐고 계시네요."

한 달에 걸친 치료의 마무리 과정이었다. 몇 번에 걸친 신경 치료 끝에 통증은 없어졌고 금니도 씌웠으니 이제 편하게 씹을 수 있을 것이다. 잇몸 치료도 함께 한 덕에 부기도 가라 앉았고 치아도 덜 흔들렸다. 잇몸의 염증 때문에 나던 악취도 한결 나아졌다.

환갑이 넘은 이 환자는 멋쟁이였다. 늘 화려한 꽃무늬 옷에 알이 굵은 목걸이와 귀걸이를 하고 병원에 왔다. 손에는 항상 핸드백을 들고 있었다. 비싼 명품인지 사물함에 보관해드리 겠다고 해도 한사코 손에 꼭 쥐고 있었다.

방금 부착한 금니의 접착제가 굳기를 기다리는 동안 별 생 각 없이 꺼낸 얘기였다. 솜을 물고 있던 환자는 아무 대답도 할 수 없었다. 그런데 광호의 말이 끝나자마자 갑자기 꼭 쥐 고 있던 핸드백의 방향을 거꾸로 휙 돌렸다. 광호의 뒷목이 서늘했다. 생각해보니 매번 옷과 장신구는 바뀌었어도 핸드 백은 같았다. 그리고 항상 허벅지 위에서 같은 방향을 보고 있었다.

아무 말 없이 진료를 마무리했다. 임시로 접착한 것이니 일 주일 후에 다시 오셔야 한다는 설명을 마치고 환자에게 대수 롭지 않은 표정으로 물었다.

"어머님, 혹시 저희 병원 누가 추천해주셔서 오셨어요?"

"아니요. 그냥 왔어요, 간판 보고."

환자가 지나치게 곧장 대답했다.

"장민구 원장님 모르세요?"

"아니요, 몰라요."

환자의 눈빛이 흔들렸고, 이번에도 대답은 너무 빨랐다.

"아아, 그래요? 장민구 원장님이 환자 한 분 소개해서 보냈다고 잘 좀 봐드리라고 말씀하셔서 어머님인 줄 알았는데, 제가 착각했나 봐요."

"아니, 내가 장민구 집사님을 알긴 아는데, 그분이 소개해 준 건 아니고……."

환자는 한참을 횡설수설했다. 요약하면 자신은 그냥 간판을 보고 이 병원이 맘에 들어서 제 발로 걸어 들어온 것이며, 장민구 '집사님'은 그냥 알기만 할 뿐 자신이 이 병원에 온 것과는 아무 상관이 없다는 것이었다. 무슨 큰 오해라도 받은 것처럼 잔뜩 억울한 표정이었다. 그리고 이야기하는 내내 핸드백을 쥔 손을 어쩔 줄 몰라 했다.

일주일이 지났다. 핸드백을 아끼던 환자는 예약시간에 나타나지 않았다. 대신 보건소 공무원들이 들이닥쳤다.

"무자격자 불법 의료 행위로 민원이 들어와서 현장조사 나왔습니다."

고참으로 보이는 40대 중반의 여자 공무원이 무표정하게 말했다. 고참이 눈짓하자 한 걸음 뒤에 서 있던 젊은 여자 공무원이 말을 이었다.

"권광호 원장님이시죠? 무자격자가 스케일링 시술을 했다는 신고가 들어왔습니다."

처음 겪는 일에 광호는 가슴이 두근거렸다. 하지만 개원 초기부터 스케일링은 무조건 치과위생사가 한다는 게 광호가 정한 원칙이었다. 가끔 특별히 까다로운 환자는 광호가 직접 스케일링을 했다.

"어떤 무자격자가 스케일링을 했다는 말인가요? 누가 신고한 거죠?"

"민원인 신원은 말씀드릴 수가 없어요. 그리고 한 건이 아니던데요. 이 사람들, 간호조무사죠?"

젊은 공무원이 서류를 내밀었다. 직원 세 명의 이름이 적혀 있었다.

'하아. 이렇게 하는 건가?'

광호가 한숨을 삼켰다. 이름이 적힌 세 직원은 모두 치과위생사였다.

"동영상으로도 증거가 제출이 됐어요. 저희가 이미 다 확인하고 온 거니까 보시고 사실확인서에 서명해주세요."

고참 공무원이 따분하다는 표정으로 말끝을 길게 늘이며 말했다. 그녀가 다시 눈짓을 하자 젊은 공무원이 서류를 넘겨 다음 장을 보여주었다. 세 직원이 스케일링을 하는 모습을 촬영한 화면이 각각 출력되어 있었다. 그중 하나는 환자의 다리 쪽에서 얼굴 쪽을 향해 찍은 구도였고, 핸드백을 아끼던 환자를 담당한 직원의 얼굴이 찍혀 있었다.

"실장님, 우리 직원들 이력서 받을 때 같이 받은 면허증 사본들 보관해뒀죠? 김나연, 정민지, 강예원, 이 세 사람 것들 가져다주세요."

광호는 잔뜩 불안한 얼굴로 조금 떨어진 곳에서 지켜보던 실장에게 지시했다. 실장은 세 사람의 이름을 듣고서야 안심하는 표정을 지었다.

면허증을 확인한 공무원들은 당황한 기색이 역력했다. '병원 쪽의 말은 들어보지도 않고 이렇게 범죄자 취급을 하느냐'는 광호의 항의에도 사과 같은 건 하지 않았다. 얼핏 본 사실확인서에는 광호의 이름뿐만 아니라, '불법 의료 행위를 지시한 사실을 인정하며 그에 따른 행정처분을 감수하고 이의를 제기하지 않겠다'는 내용이 이미 출력되어 있었다.

'강현욱 원장도 이렇게 당했던 거겠지.'

공무원들을 돌려보내고 한숨을 돌린 광호는 실장과 직원들을 모두 불러 모았다. 병원 청소 상태부터 시작해서 기구들의 위생 관리, 장갑과 마스크 착용 등 기본적인 부분들을 처음부터 다시 한 번 점검했다. '법 무서운 줄 모르시는 모양이네'라고 말하며 한쪽 입꼬리만 올린 채 웃던 장민구의 얼굴이 또다시 떠올랐다.

'이게 끝일 리는 없겠지.'

광호는 그날 저녁 직원들과 함께 비싼 고깃집에서 회식을 했다. 직원들은 조금 겁을 먹은 것 같았다. 실장을 통해 대충 돌아가는 분위기를 짐작하고 있었을 것이다.

먹튀

　광호의 예감대로 정말 끝이 아니었다. 한 병원을 작정하고 괴롭힐 수 있는 방법은 무수히 많았다. 어느 날 구청 직원들이 찾아왔다. 병원 간판의 개수가 허용된 것보다 많으니 철거하라는 행정지도였다. 간판 하나를 떼어냈다. 창문에 시트지로 크게 붙여놓은 치과 이름도 떼어내고, 건물 입구에 세워둔 배너 광고도 치워야 했다. 옥외광고물관리법이라는 게 있다는 것을 처음 알게 되었다. 건물 내 복도 게시판에 붙여놓은 병원 소개 전단지도 떼어냈다. 병원 영업시간 안내와 함께 진료 과목이 적혀 있었는데, 각 진료에 대한 부작용을 명시하지 않으면 의료법 위반이라고 했다. 광호는 주변의 치과들을 한 번 둘러보았다. 그들의 간판과 창문과 배너와 전단지는 모두 그대로였다.

진료비를 비롯해서 직원이 치과위생사인지 간호조무사인지 꼬치꼬치 캐묻는 전화도 잊을 만하면 걸려왔다. 병원 안에서 셀프카메라를 찍는 척하며 여기저기를 찍어가는 환자도 있었다. 보건소 직원들이 또 찾아왔다. 처방전을 약국 보관용만 발행하고 환자 보관용을 발행해주지 않아 민원이 들어왔다는 것이었다. 다행히 현장지도로 그쳤지만 그날 이후로 처방전은 무조건 두 장을 발행했다.

결국 직원 둘이 그만두었다. 광호는 병원 분위기가 뒤숭숭한 탓이라고 생각해 붙잡지 못했다. 새로 두 명의 직원을 급히 채용했지만 출근하기로 한 오늘 두 사람은 나타나지 않았다. 오전 진료가 끝난 후 실장이 조심스럽게 원장실 문을 두드렸다.

"원장님, 요즘 우리 애들한테 다른 병원 친구들이 전화를 한대요."

"네? 다른 병원 직원들이 왜요?"

"그게…… 자꾸 그만두라고 그러나 봐요."

이건 또 무슨 소리인가.

"이 동네 원장님들이 우리 병원에서 빨리 안 나오면 앞으로 다른 병원에 취직을 안 시켜줄 거라고…… 그렇게 말한대요.

그걸 우리 애들한테 전하라고…….”

“그럼 혹시 오늘 안 나온 애들도……?”

광호는 이미 짐작했지만 혹시나 하는 마음으로 실장에게 물었다.

“네, 그런 것 같아요. 제가 전화해서 왜 그러냐고 묻는데 대답을 시원하게 못하고 죄송하다고만 하더라고요.”

광호의 가슴이 답답해져 왔다. 명치에 큰 돌덩이를 매달아 놓은 것 같았다.

“원장님, 병원 문 닫으시나요?”

며칠 후 한 환자가 놀란 얼굴로 다짜고짜 광호에게 물었다. 한 달 넘게 꾸준히 잇몸 치료를 받고 있던 중년의 남자 환자였다.

“네? 무슨 말씀이세요?”

“원장님이 설명도 잘해주시고 손도 꼼꼼하셔서 계속 치료 받고 싶은데, 원장님 다른 데로 옮기신다고 그러던데요.”

광호는 깜짝 놀랐다. 이미 여러 가지 일을 겪은 터라 ‘여기서 쭉 버틸 수 있을까?’라는 생각은 한 적이 있었다. 하지만 병원을 이전해야겠다는 생각은 아직 해본 적이 없다.

“제가 옮기긴 어디로 옮겨요. 여기서 아버님 쭉 봐드려야죠.”

애써 태연한 표정으로 광호가 대답했다.

"아니, 지난주에 원장님 휴가 가셔서 문 닫았을 때, 제가 술을 좀 마셨더니 아침에 잇몸이 너무 아픈 거예요. 그래서 약이라도 좀 타려고 다른 치과에 갔는데, 글쎄 약을 못 지어준다는 거예요."

"처방을 안 해줬어요? 아하. 증세가 심하지 않아서 그랬나 봐요. 약 처방이 무조건 좋은 건 아니거든요."

"아니, 그게 아니고요. 어느 병원에서 치료 중이냐고 묻길래 제가 원장님 병원이라고 했죠. 그랬더니 그 병원에서 오셨으면 진료를 못 봐준다는 거예요."

"네? 우리 병원에서 온 환자만 못 봐준다고 했다고요? 이유가 뭐라고 하던가요?"

불길한 예감이 스쳤다.

"여기 병원이 무슨 사후관리협력체인가에 가입이 안 돼 있어서 봐줄 수가 없대요. 이것 좀 한 번 보세요."

환자는 새빨간 글씨로 '먹튀치과 주의보'라고 적혀 있는 전단지 한 장을 내밀었다. 전단지를 읽어 내려가는 광호의 손이 가늘게 떨리기 시작했다.

먹튀치과 주의보
치료비만 받고 줄행랑

치료 기간이 긴 임플란트 치료 비용을 선입금 받은 후 치료 도중 폐업하는 먹튀치과!

1년마다 다른 지역으로 옮겨 다니면서 환자들을 골탕 먹이는 먹튀치과!

먹튀치과가 우리 창주시에도 있다는 사실을 아십니까?

저희 창주시치과협회는 먹튀치과를 퇴치하기 위해 '사후관리협력체'를 운영하고 있습니다. 믿을 수 있는 의료진으로 구성된 인증받은 '우리동네착한치과'만이 협력체에 가입할 수 있으며, 협력체에 가입되어 있는 병원들은 상호 간에 환자들의 치료가 연계될 수 있도록 협진 시스템을 구축하고 있습니다. 환자 여러분께서는 반드시 '사후관리협력체'에 가입된 '우리동네착한치과'를 이용해주시기 바랍니다.

* '우리동네착한치과' 미인증 치과에서 받은 치료에 대해서는 AS치료를 해드릴 수 없음을 알려드립니다.

"이거 보고 제가 너무 놀랐어요. 아니, 그럼 우리 원장님 병원이 진료비만 받고 도망가는 먹튀치과냐? 나는 거기서 와서 치료를 못 해준다는 말이냐? 계속 물었죠. 그런데 이 사람들이 딱 부러지게 대답은 안 하고 고개만 까딱까딱하는 거예요, 참 나. 원장님 여기서 계속 하시는 거 맞죠? 도망가시는 거 아니죠?"

광호는 환자의 눈에서 희미한 의심의 빛을 느꼈다.

"아유, 당연하죠. 저는 이런 게 있는 줄도 몰랐어요. 얼른 가입해야겠네요."

광호는 태연한 표정을 지으려고 애썼다. 하지만 얼굴 근육이 제멋대로 실룩거렸다. 손도 점점 더 떨려왔다. 이대로 진료는 무리였다.

"아무튼 아버님, 지금은 잇몸이 너무 부어 있으니까 약을 좀 처방해드릴게요. 약부터 일단 드셔서 염증을 좀 가라앉힌 다음에 치료하는 게 좋겠어요."

거짓말로 환자를 돌려보냈다. 나머지 오후 진료도 넋 나간 사람처럼 마무리했다.

'기어코 망하게 할 작정인 건가.'

곧 없어질 병원이라는데, 게다가 그 병원에서 치료 받으면 AS도 안 된다는데 어떤 환자가 치료를 받으러 올까. 실장에게 마무리를 부탁하고 직원들보다 먼저 퇴근했다. 항상 마지막으로 퇴근하며 병원 문을 닫던 광호였다. 하지만 이날은 병원에서 빨리 나가고 싶었다.

힘이 쭉 빠진 채 핸들을 붙잡고 교차로에서 신호를 기다리고 있었다. 왼쪽에서 오른쪽으로 버스 한 대가 지나갔다. 버스 옆 광고판에 새빨간 글씨가 커다랗게 새겨져 있었다. 가슴이 철렁했다. 그리고 눈앞이 캄캄해졌다.

'먹튀치과 주의보.'

몇 시간 전에 환자가 가져와 보여준 전단지와 똑같은 내용의 광고가 버스 옆면에 붙어 있었다. 훨씬 크게.

폭우

당장 직원을 구하는 일이 발등의 불이었다. 연봉을 올리고 복지 조건을 개선한 구인광고를 내고서야 겨우 직원을 구할 수 있었다. 나이가 다소 많거나 출근 거리가 먼 곳에 사는 직원들이었다. 아무래도 창주시에 사는 나이 어린 직원들은 동네 원장들의 협박을 그냥 들어 넘기지 못했다.

환자도 줄었다. 다행히 치료를 받은 적이 있는 환자들은 꾸준히 광호의 병원을 찾아주었다. 하지만 새롭게 방문하는 환자의 수는 눈에 띄게 줄었다. 그나마 기존 환자들의 입소문 덕분에 소개 환자의 수가 유지되는 정도였다.

폭우가 쏟아져 오후 예약이 모두 취소되었다. 유비무환. 치과의사들에게는 비가 오면 환자가 없다는 뜻으로 통한다. 이런 날은 새로운 환자도 거의 오지 않는다. 광호는 모처럼 직원들과 둘러앉아 커피와 다과를 나눴다.

"맘카페 엄마들이 원장님이 설명도 잘해주시고 목소리도 나긋나긋해서 좋다고들 그러던데요."

실장이 정말인지 빈말인지 알 수 없는 칭찬을 전해주었다.

"원장님 목소리도 그렇고 워낙 안 아프게 진료하셔서 진료받다가 잠이 들었다는 사람도 있던데요. 하하하."

광호는 마취주사를 아프지 않게 잘 놓는 편이었다. 마취주사를 안 아프게 놓는 방법은 특별히 어려울 것이 없었다. '자입은 빠르게 주입은 천천히.' 주사 바늘은 최대한 신속히 한번에 찔러야 통증이 적다. 대신 마취액은 최대한 천천히 주입해야 한다. 흔히 광고하는 무통주사라는 것도 기계가 사람 대신 주사액을 천천히 주입해주는 원리이다. 광호는 아무리 환자가 밀려 있어도 지루하다 싶을 정도로 마취주사를 천천히 놓았다. 그래서인지 광호의 병원을 찾는 환자들은 아프지 않은 것을 가장 좋아했다. 마취주사를 놓지도 않고서 놓은 척한다며 화를 내는 할아버지 환자도 있었다. 돈을 더 받으려고 그러는 것 아니냐는 말이었다. 그러나 화를 내는 중에 천천히 입술이 굳어오자 더 화를 내지도, 미안해 하지도 못하고 겸연

쩍게 웃기만 했다.

"다른 얘기는 없나요? 전단지 같은 거……."

광호가 조심스럽게 물었다.

"가끔 있어요. 그 치과 이상한 소문 있더라, 뭐 그런…… 그럴 때마다 제가 열심히 댓글 달고 있어요. 진료비 싸게 해서 동네 원장님들이 모함하는 거 같다고요."

"그런 댓글도 달아요? 병원 직원이 하는 얘긴데 믿어요?"

"아이 참, 아닌 척하고 달아야죠! 환자인 척하고요. 하하하."

밝은 표정과 말투가 마음에 들어 면접한 자리에서 곧장 채용했던 실장은 1년이 넘도록 광호 옆을 든든하게 지켜주었다. 광호보다 대여섯 살이나 많은 실장은 초보 개원의인 광호의 기를 항상 살려주었다. 광호가 잘 모르는 내용에 대해서는 '혹시 이런 거 아닐까요?' 하면서 넌지시 알려주었고, 환자들에게는 늘 '우리 원장님이 최고'라는 말을 강조했다. 실장의 이런 밝은 에너지가 없었다면 병원 분위기는 이런저런 일들을 겪는 중에 한없이 우울해졌을 것이다.

티타임을 끝내고 원장실로 돌아온 광호는 컴퓨터 앞에 앉아 며칠 전부터 틈틈이 작성하던 문서를 다시 불러왔다.

광호는 더 이상 이대로 지낼 수는 없다고 생각했다. 그럭저럭 버티고는 있었지만 병원 경영은 뚜렷한 하락세였다. 아무리 친절하게 설명하고 아프지 않게 진료해도 그건 일단 환자가 병원에 와야 알 수 있는 일이었다. 새빨간 글씨의 전단지는 여전히 이 지역 대부분의 치과 데스크에 비치되어 있었고, 같은 내용의 광고를 실은 버스도 하루 종일 시내를 돌고 있었다. 좋은 소문은 느리고 나쁜 소문은 빨랐다.

광호는 처음 참석한 월례회에서 목격한 일부터 중식당에서 있었던 일, 그리고 그 후 당한 여러 가지 사건들까지 차례차례 써 내려갔다. 전단지와 사후관리협력체에 관한 내용을 마지막으로 광호는 진정서 작성을 마무리했다. 방법은 잘 모르지만 어디서든, 누구에게든 도움을 청해볼 생각이었다.

　며칠 후 광호는 보건소를 찾았다. 이 부서, 저 부서를 몇 번 왔다 갔다 하고서야 한 공무원과 마주 앉을 수 있었다. 몇 달 전에 무자격자 스케일링 건으로 광호의 병원에 들이닥쳤던 고참 공무원이었다. 광호의 자초지종을 건성으로 듣고 진정서를 대충 훑어본 그녀의 대답은 간단했다.

　"이건 의료법 관할이 아니에요. 영업방해나 그런 거면 경찰서로 가보셔야 될 것 같은데……."

　아마도 광호의 병원에 대한 민원이 많아 이미 광호를 좋지 않게 보고 있는 것 같았다. 대화는 내내 무기력하고 무의미했다.

　다음 날은 경찰서를 찾아갔다. 진정서를 받아본 경찰은 무척 귀찮은 표정으로 이게 뭐냐고 물었다. 고소를 하려면 고소장을 작성해오라는 것이었다. 피고소인을 정확히 특정하고 물증이 될 만한 것들을 첨부해서 어떤 영업방해 행위가 언제 어디서 어떻게 이루어졌는지를 적어야 한다고 했다. 사실 광호에게 뚜렷한 증거 같은 것은 없었다.

　"이런 것만 가지고 저희가 수사하고 그러지는 않습니다. 그런데 진료비 담합? 박 경위님, 이런 건 무슨 법 위반이에요?

이런 것도 신고가 되나?"

경찰은 이런 건은 처음이라며 다른 동료 경찰들에게 물었지만 다들 고개를 갸우뚱했다. 무언가 찾아보는 시늉을 하고 있었지만, 얼른 광호가 체념하고 나가주기를 기다리는 눈치였다. 다시 알아보고 오겠다고 말하며 일어서자 경찰이 환하게 웃으며 인사해주었다.

'신고하세요. 어디 가서 신고할 겁니까? 경찰서? 가서 신고하세요. 한 번 해봅시다, 어디.'

낙담한 채 차를 돌리는 광호의 귀에 장민구의 목소리가 들리는 듯했다. 고참 공무원의 적대적인 표정과 경찰의 귀찮아하는 말투, 그 위에 한쪽 입꼬리를 올린 채 웃던 장민구의 입 모양이 겹쳐졌다.

차 안의 정적이 무거웠다. 흐릿한 패배감이 점점 선명해졌다. 광호는 라디오를 켰다.

"국내 최대 우유 제조업체인 서양유업이 대리점에 갑질을 한 것이 밝혀져 검찰이 수사에 착수했습니다. 서양유업은 유통기한이 임박한 제품을 대리점에 강매하였고, 대리점은 이를 기한 내에 판매하지 못해 피해를 고스란히 떠안게 되었습니다. 피해를 당한 한 대리점주가 억울한 사연을 포털 사이트 '다음'의 청원 게시판인 '아크로 광장'에 게시했고, 10만 명이 넘는 네티즌들이 이 청원에 동참하면서 논란이 시작되었습니다. 그러나 서양유업 측은……."

광호의 귀에 문득 몇 가지 단어가 스쳤다.

'다움…… 아크로 광장…….'

광호는 며칠 전 서양유업의 이름이 실시간 검색어 1위에 올랐던 것을 기억했다. 국내 최대 인터넷 포털 사이트인 다움의 청원 게시판 아크로 광장에 서양유업의 갑질이 폭로되었기 때문이었다. 사연에 분개한 10만 명 이상의 네티즌들이 청원에 서명하며 사회적 이슈가 되었고 결국 검찰이 조사에 나선 모양이었다.

'○○시 치과협회의 가격 담합과 갑질을 고발합니다.'

그날 밤 광호는 노트북 앞에 앉아 제목을 몇 번이나 고쳐 썼다. '억울한'이나 '횡포', '비열한' 같은 자극적인 단어들로 제목을 강조하고 싶었다. 하지만 결국 단순한 문장을 선택했다. 간결하고 쉬워야 한다. 제목을 입력한 후 진정서의 내용을 붙여넣기 했다. 너무 길었다. 억울한 감정이 글을 산만하게 만들고 있었다. 감정적인 표현들을 지웠다. 비난과 추측도 줄였다. 사소한 사건들도 뺐다. 아크로 광장에는 하루에도 수백 개의 청원이 올라온다. 사람들은 조금이라도 지루하거나 공감되지 않으면 곧바로 뒤로 가기 버튼을 누를 것이다. 협회가 치과 진료비를 담합했고, 이를 따르지 않은 치과의사들을 괴롭혔다는 기본적인 내용에만 집중했다. 지역과 인물의 이름도 모두 익명으로 처리했다. 작성자도 익명으로 설정했다. 몇 번을 다시 읽고 사소한 토씨까지 고친 후에야 입력 버튼을 눌렀다. 어느새 깊은 새벽이었다.

아크로 광장에 청원을 올린 지 한 달이 지났다. 처음 글을 올렸을 때만 해도 광호는 너무 큰 관심을 받으면 어쩌나 걱정했었다. 실시간 검색어에 오르거나, 혹시 뉴스에라도 보도되면 너무 부담스러울 것 같았다. 대신 경찰이나 보건소에서 관심을 가질 정도만 되면 딱 좋겠다는 생각이었다. 그러나 쓸데없는 걱정이었다. 조회수는 313. 그마저도 청원을 올린 지 일주일째에 300이 되었고 그 뒤로는 거의 멈춰 있었다. 서명한 사람의 수는 10여 명. 하루에도 수없이 올라오는 글들에 밀려 광호의 글은 이제 일부러 검색해서 찾지 않으면 보기 힘든 페이지까지 밀려나 있었다. 댓글도 겨우 몇 개가 달렸다.

ㄴ 치과 가격 정말 너무 비쌈. 다 도둑놈들임. 우리 어머니 이번에 임플란트 몇 개 하는데 거의 천만 원 들어감. 임플란트 같은 건 나라에서 가격 딱 정해서 다 해줘야 하는 거 아님?

└ 치과의사도 의사로 쳐주나요? 그냥 기술자 아닌가. 영어로도 *doctor*가 아니라 *dentist*인데. 치과는 진짜 여기저기 견적 내 보고 가야 합니다. 아니면 덤탱이 쓰기 딱 좋아요.

└ 돈 많이 버는 치과의사들도 밥그릇 싸움하는 건 똑같구나. 아무리 많이 벌어도 아직 배가 고프신가 봅니다. 이 글 쓴 치과의사님도 결국 다른 치과의사들보다 돈 많이 벌려고 싸게 하는 거 아닌가요? 배운 양반들이나 아닌 양반들이나 싸울 때는 하나같이 천박하네요.

└ 헐~ 이러니 치과 가격이 비쌀 수밖에. 안 그래도 비싼데 이런 담합까지 하고 있었다니 진짜 열 받네요. 게다가 담합에 따르지 않았다고 저런 왕따까지! 이런 건 널리 알려서 치과들도 치열하게 가격 경쟁하게 해야 합니다. 서민들 김치라도 맘껏 씹어 먹게 해주세요! 서명 꾹!

돈 잘 버는 치과의사들의 밥그릇 싸움. 광호가 겪은 일들을 바라보는 사람들의 시각이었다. 사람들은 당장 치과 진료비가 너무 비싸다는 사실 자체에 분노하고 있었다. 광호가 아무리 억울한 일을 당했다 한들, 사람들에게는 돈 잘 버는 치과의사의 푸념으로 보일 뿐이었다. 광호는 자신의 감정에만 너무사로잡혀 있었다는 생각을 했다. 사실 치과의사들이 진료비 가격을 담합했다는 사실 자체가 보다 근본적인 문제였다. 광호를 괴롭힌 것은 그 담합을 유지하기 위한 수단일 뿐이었다.

반응은 오히려 뜻밖의 곳에서 격렬하게 왔다. 광호의 글이 한참 뒤로 밀려나고도 또 한 달이 넘게 지났을 때였다. 어느 날 광호의 다음 아이디로 100통이 넘는 쪽지가 도착했다. 보낸 사람은 모두 치과의사들이었다. 쪽지에는 '동업자 정신도 없는 인간아', '니 인생이나 덤핑 쳐라', '지밖에 모르는 새끼', '너 어느 학교 몇 학번이냐', '비겁하게 익명으로 글 싸지르냐' 등과 같은 욕설과 저주의 말이 가득 차 있었다. 광호는 저 혼자 살기 위해 업계의 비밀을 대중에게 폭로한 비겁한 고자질쟁이가 되어 있었다. 아마도 치과의사들만 모인 어떤 사이트에 광호의 청원 글이 공유된 모양이었다. 익명으로 쓴 것이 다행이라는 생각이 들었다. 그리고 곧 그런 생각을 하고 있는 자신의 모습이 정말로 비겁하게 느껴지기 시작했다. 쪽지함을 가득 메운 욕설들이 모두 맞는 말인 것만 같았다.

그중 몇 개의 조금 다른 쪽지가 있었다. '저도 비슷한 일을 당했습니다', '저 혼자 당한 일이 아니었군요', '도움을 요청합니다. 연락 주십시오'와 같은 내용들이 담긴 쪽지였다. 보낸 이들은 광호처럼 지역협회의 가격 담합을 따르지 않았다가 괴롭힘을 당한 치과의사들이었다. 이미 강현욱의 상황을 목격했기에 비슷한 처지의 치과의사들이 더 있다는 사실은 놀랍지 않았다. 오히려 그들이 괴롭힘을 당한 방법에 놀랐다. 왕따는 기본이었고 직원들을 향한 퇴사 협박, 악의적인 헛소문 유포 등 광호의 사연과 너무나 비슷했다. 몰래카메라를 동원한 각종 민원 제기로 고통을 주는 수법도 같았다. 실제로 벌금과 영업정지 처분을 받은 치과의사들도 있었다. 그중 몇은 결국 지역협회에 굴복하고 진료비 담합을 따르고 있다고 했다. 그들은 광호의 답장을 기다리고 있었다.

광호는 그들의 쪽지를 지우지 못하고 며칠을 고민했다. 이들과 연락해서 서로 어떤 도움을 주고받을 수 있을까. 그저 나만 당한 게 아니라는 마음의 위안이 다가 아닐까. 신분을 노출했다가 더 큰 괴롭힘을 당하지는 않을까. 자신도, 그리고 그들도 사실은 자기밖에 모르는 비겁한 고자질쟁이가 맞는 것은 아닐까.

데자뷰

계절이 차례로 바뀌고 다시 같은 계절이 되었다. 광호는 서초동의 한 카페에서 홍재를 기다리고 있었다. 법률사무소 빌딩들에 둘러싸인 곳이라 그런지 앉아 있는 사람들이 죄다 변호사인 것처럼 느껴졌다. 광호는 괜히 주눅이 들었다. 학창 시절부터 샌님 스타일이었던 광호에게 홍재는 늘 동경의 대상이었다. 홍재는 키가 조금 작았지만 인물이 좋았다. 약간 귀여운 느낌이었다. 고등학생 시절부터 개그 센스가 넘쳐 말한 마디를 던져도 주변의 친구들이 모두 배를 잡고 웃었다. 음악에서 영화까지 대중문화에 대해 모르는 것이 없었고, 특히 노래를 기가 막히게 했다. 공부를 못했다면 가수를 했어도 충분히 성공했을 거라고 친구들은 생각했다. 게다가 천재형이었다. 악착같이 공부하는 모습을 별로 본 적이 없지만 서울대반에서 늘 앞쪽에 앉았다. 공부를 너무 잘한 탓일까. 서울대 공대를 졸업한 홍재는 다시 명문 사립대 의대에 진학했다. 그러고는 곧장 휴학하고 군대에 다녀오더니 사법고시를 준비했다. 너무 늦은 게 아닐까 걱정하던 친구들은 불과 2년 만에 접힌 홍재의 합격 소식에 다들 입을 다물지 못했다.

"이야, 치과의사들 대단하던데? 그쪽도 다 사람 사는 동네구만."

홍재가 일에 찌든 얼굴로 자리에 앉으며 말했다. 광호가 메일로 보낸 자료를 이미 다 읽어본 모양이다.

"또 밤샌 거야? 변호사가 일이 그렇게 많아?"

"나도 이렇게 바쁠 줄 몰랐다. 진짜 쓰러질 시간이 없어서 못 쓰러지겠어."

광호는 화려하고 여유 있어 보이던 드라마 속 변호사들을 잠깐 떠올렸다.

"주로 뭘 하느라 바쁜 거야? 재판을 매일 나가진 않을 거 아니야."

"만날 읽고 만날 쓰는 거지 뭐. 밤새서 자료 읽고 또 밤새서 준비서면 쓰고 아침 되면 또 회의하고. 지금도 사우나 가서 두 시간 자고 나왔어. 죽겠다. 이럴 줄 알았으면 그냥 의대 다닐 걸.”

대형 로펌의 신참 변호사는 앓는 소리를 해댔다. 하지만 아무리 지쳐 있어도 홍재의 눈빛은 여전했다. 기죽는 일 따위는 없을 것 같은 편안하면서도 여유 있는 눈빛.

“그러니까 네가 보낸 자료가 전부 다 그 동네치과네트워크? 거기 회원들이 겪은 일이란 말이지?”

“응, 맞아. 실제로 우리 회원들이 다 겪은 일이야.”

“경쟁업자들끼리 서로 영업방해 하는 건 흔하게 있는 일이라서 나도 사건 하면서 많이 봤어. 근데 치과의사들이 그런다니까 좀 놀랍긴 하네. 하는 짓도 뭐랄까…… 좀 유치해. 조폭들도 아니고.”

홍재가 매우 재미있다는 표정으로 말했다.

“그렇게 보이는 거 맞지? 나는 하도 당하다 보니까 가끔 내가 이상한 건가 싶기도 하거든.”

“이상한 거 맞아. 그냥 너도 비싸게 받으면 되잖아. 뭐 하러 굳이 욕먹어 가면서 싸게 받냐? 슈바이처야? 하하.”

홍재가 웃으면서 핀잔을 줬다.

“그러게 말이야. 너도 알지만 우리가 좀 없는 동네에서 살았잖아. 그릇이 작아. 요만해.”

광호가 엄지와 검지를 모아 내밀며 말했다. 어릴 적 친구는 오랜만에 만나도 늘 어제 만난 것 같이 편하다.

　1년 전, 광호는 도움을 요청하는 쪽지를 보낸 열 명 남짓한 치과의사에게 답장을 보냈다. 쪽지로 사연을 주고받다 이메일을 교환했고, 이메일로 대책을 의논하다 아예 온라인 카페를 개설했다. 시간이 지나면서 회원은 100여 명으로 늘어났다. 주로 젊은 치과의사들이었다. 카페 이름은 '동네치과네트워크'로 정했다. 서로 힘을 모아 환자들이 편안한 마음으로 찾을 수 있는 동네치과를 만들자는 뜻이었다. 광호의 글이 계기가 되어 모인 탓에 광호는 자연스럽게 카페 관리자 역할을 하게 되었다. 회원들은 각자가 당한 영업방해 사례를 공유했고, 피해를 막을 대책도 함께 고민했다. 민원을 제기하거나 허위신고를 하는 것에 대해서는 트집 잡힐 거리를 만들지 않는 수밖에 없었다. 하지만 직원 구인을 방해하거나 유언비어를 퍼뜨리는 등의 행위에 대해서는 법적인 대응을 고민해야 했다. 더 이상 수동적인 방어만으로 버텨내기 힘들다는 쪽으로 회원들의 뜻이 모아졌고, 광호는 홍재를 떠올리게 되었다.

　"그런데 증거는 있어? 나한테 보낸 건 사연만 있던데."
　홍재의 표정이 진지해졌다.
　"증거? 그게 좀…… 딱히 증거를 잡기가 어려운 일들이라."

"광호야. 너네 카페 회원들이 당한 일들, 당연히 잘못된 일이지?"

"그렇지. 억울하니까 이렇게 너한테 찾아온 거잖아."

"그건 누구나 알아. 딱 보면 협회 사람들이 잘못했어. 그런데 대부분의 법적인 다툼은 이게 잘못된 일이냐 아니냐로 싸우지 않아."

"그럼 뭘로 싸워?"

광호가 의아한 표정으로 물었다.

"증거. 사실관계."

광호는 대답을 못한 채 멍하니 있었다.

"구체적으로 증명을 해야 돼. 네가 보내준 자료들에는 정황이나 추측만 있잖아. 몰래카메라로 실제로 찍었는지. 그걸 지시한 사람이 누군지. 민원이나 신고를 한 사람은 누군지. 정말 괴롭힐 목적으로 고의로 그랬는지. 유언비어를 퍼뜨린 사람이 누구인지. 그 사람이 그렇게 말한 사실이 실제로 있었는지. 그리고 이 모든 게 다 임플란트 가격 때문에 일어난 일이 맞는지. 명확한 증거가 있어야 돼. 증거가 없으면 소설일 뿐이야."

여전히 듣고만 있는 광호에게 홍재는 말을 이었다.

"일단 증거를 모아봐. 그리고 이건 공정거래위원회에 제소해야 돼. 경쟁을 제한하는 불공정거래 행위거든. 공정위가 그런 거 잡는 데야."

"공정거래위원회는 대기업들 감시하는 데 아니야?"

광호는 생각해보지 못했던 대답에 놀라 되물었다. 역시 홍재를 찾아오길 잘했다고 생각했다.

"그런데 치과의사들 말이야. 무슨 학원이라도 같이 다니는 거야?"

서초역 1번 출구 앞에서 광호를 배웅하던 홍재가 문득 생각난 듯 물었다.

"그게 무슨 말이야?"

"아니, 너네 카페 왕따 선생님들 말이야. 그 선생님들 다 서로 다른 지역이던데, 협회에서 괴롭히는 수법들이 어떻게 그렇게 다 비슷해? 어디서 합숙이라도 하는 거야?"

그래, 맞다. 배웠다면 배웠을 수도 있겠다. 광호는 치과대학 시절을 떠올렸다.

치과대학 졸업반 생활은 정말 바쁘고 힘들었다. 졸업을 하기 위해서는 선배들의 말처럼 '하늘의 별처럼 많은 시험'을 봐야 했다. 중간고사와 기말고사 외에도 퀴즈, 땡시 등의 번외 시험이 수시로 치러졌다. 땡시란 '땡' 하는 종소리에 맞춰 한 칸씩 자리를 옮기며 눈앞에 있는 해부학 표본의 이름을 맞추는 시험이었다.

졸업반 학생들은 '케이스 점수'도 따야 했다. 치과대학병원을 하루 종일 돌아다니며 교수님 옆 자리가 비어 있는지를 살폈다. 빈자리에 앉아 진료를 도우면 어시스트 케이스 점수를 얻을 수 있었다. 환자를 직접 진료하면 진료 케이스 점수를 얻었다. 조금 할인을 받는 대신 학생 진료를 받기 원하는 환자가 나타나기를 하염없이 기다렸다. 지인들 중에서 직접 환자를 섭외하기도 했다. 이를 위해 학생들은 '서브인턴sub-intern'이라는 의사인지 아닌지 아리송한 직책이 새겨진 명함도 만들었다. 어떤 친구들은 나이트에서 의사인 양 이 명함을 사용했다.

가장 힘든 것은 치과의사 면허시험인 '국시'를 준비하는 일이었다. 국시의 시험 범위는 치과대학 교육 과정 전부였다. 하지만 국시 준비가 힘들었던 이유는 범위나 난이도 때문이 아니었다. 떨어지면 치과의사가 되지 못한다는 중압감이 졸업반 학생들을 짓눌렀다.

이렇듯 졸업반 생활은 낮에는 케이스, 밤에는 시험 공부, 주말엔 국시 준비로 이어지는 끝없는 쳇바퀴였다.

졸업반이 되고 얼마 지나지 않아 온라인 커뮤니티에 학생회의 공지가 올라왔다. 케이스 '맥시'와 '미니'를 알리는 글이었다.

제목 : 케이스 맥시 공지합니다.

작성자 : 학생회

얼마 전 학교 측에서 공지한 케이스 미니를 바탕으로 하여 학생
회의 회의를 거쳐 다음과 같이 케이스 맥시를 정하였습니다.

_ 어시스트 케이스 맥시

임플란트 어시스트 : 5점 (미니 3점)

치주 어시스트 : 22점 (미니 20점)

근관 치료 어시스트 : 18점 (미니 15점)

교정 어시스트 : 22점 (미니 20점)

(생략)

_ 원내생 진료 케이스 맥시

치주 치료 : 55점 (미니 50점)

근관 치료 : 5점 (미니 3점)

아말감 충전 : 10점 (미니 8점)

레진 충전 : 20점 (미니 15점)

골드 크라운 : 5점 (미니 3점)

골드 인레이 : 8점 (미니 5점)

(생략)

케이스 맥시를 위반할 시에는 다음과 같이 제재하기로 결정하였습니다.

1) 실습 재료 공동구매 제외

2) 강의 보조자료 배포 제외

3) 각 시험 족보 배포 제외

4) 호텔 족보 배포 제외

우리 졸업반 학우 여러분 모두 무사히 한 해를 보내기 위해 단합된 마음으로 공지된 내용을 꼭 지켜주시기 바랍니다.

'미니'란 교수가 공지한 최소한의 케이스 점수였다. 미니를 채우지 못하면 졸업을 할 수 없었다. 반대로 더 많은 케이스 점수를 얻을수록 높은 학점을 받을 수 있었다. 그런데 학생회가 '맥시'라는 점수의 상한선을 정했다. 일정 점수 이상을 얻는 것을 금지한 것이다. 학생이 더 좋은 학점을 얻기 위해 애

쓰는 것은 당연한 일인데 교수도 아닌 학생회가 왜 이를 금지했던 것일까.

경쟁하지 말고 다 함께 최소한의 케이스 점수만 채우자는 뜻이었다. 모두가 최소한의 점수만 채우면 교수들도 모두에게 낙제점을 줄 수 없었다. 학생들은 대부분 A학점, 출석이 나쁘거나 하면 B학점을 받았다. 경쟁하지 않으면 모두가 편했다. 학생들은 학점을 담합했던 것이다.

한 명이라도 맥시를 어기면 어쩔 수 없이 모두가 점수 경쟁에 뛰어들어야 한다. 그래서 학생회는 배신자가 나오는 것을 막기 위해 몇 가지 벌칙을 정했다.

1) 실습 재료 공동구매 제외
2) 강의 보조자료 배포 제외
3) 각 시험 족보 배포 제외
4) 호텔 족보 배포 제외

치과대학 실습에는 핀셋에서부터 금(gold)에 이르기까지 다양한 재료들이 필요했다. 개인이 쉽게 구할 수 없는 것들이었다. 그래서 학생회가 업체를 섭외해 공동구매한 후 분배했다. 강의 보조자료는 학생회가 조교들에게 전달 받아 나누어주었다. 시험 족보는 선배들로부터 전해 내려온 과목별 기출 문제와 교수별 출제 경향, 잘 정리된 필기 등이 취합된 보물이었다. 여러 버전의 족보를 취합하고 정리하여 배포하는 것 또한 학생회의 역할이었다.

학생회는 맥시를 지키지 않는 학생들에게 이 모든 것을 제공하지 않기로 했다. 실습 재료를 구하러 남대문 시장을 뒤지거나, 친구들에게 부교재를 복사해달라고 구걸하거나, 나만 빼고 모두 갖고 있는 족보도 없이 시험 공부를 하는 일은 졸업반 학생에겐 악몽 같은 일이었다. 그 누구도 맥시를 어기지 않았다.

벌칙 중 마지막, '호텔 족보 배포 제외'는 앞선 세 가지와는 비교도 안 되는 가장 무서운 벌칙이었다. 일명 '호텔 족보'를 나눠주던 강의실의 풍경은 정말이지 기이했다.

국시 이틀 전 아침, 본과 4학년 전체가 강의실에 모였다. 중요한 시기였지만 단 한 명도 빠지지 않았다. 학생회에서 '호텔 족보'를 나눠주는 날이기 때문이었다. 깔끔하게 제본된 두꺼운 호텔 족보가 강의실 맨 앞에서부터 차례로 전달되었다.

"여러분, 지금 즉시 각자 받은 호텔 족보의 모든 페이지 상단에 지워지지 않는, 색깔 있는 펜으로 본인 학번을 적어주세요. 검은 펜 안 됩니다. 빨간색이나 파란색만 됩니다. 앞뒤 표지도 포함입니다."

학생회 임원 중 하나가 강의용 마이크를 들고 사뭇 비장한 목소리로 말했다. 페이지 수가 적지 않았지만 학생들은 군말 없이 표지부터 가장 뒷장까지 모든 페이지에 자신의 학번을 써 내려갔다. 학번을 적는 동안 학생들은 아무 말이 없었다. 학생회 임원은 못 미더운 듯 호텔 족보에 대한 주의사항을 몇 번이고 강조했다.

"이미 몇 번 공지해서 알고 계시겠지만, 다시 한 번 강조해서 알려드립니다. 오늘 받으신 호텔 족보는 절대로 다른 사람에게 양도하거나 빌려주면 안 됩니다. 또 절대 복사해서도 안 됩니다. 복사하면 방금 적은 학번이 검은색으로 복사되기 때문에 반드시 적발됩니다. 그리고 국시 다음 날 아침 한 사람도 빠짐없이 다시 이 자리에 모여주셔야 합니다. 그 자리에서 호텔 족보를 모두 수거하겠습니다. 만약 그날 불참하시는 분은 호텔 족보를 외부에 반출한 것으로 간주하겠습니다. 다시한 번 말씀드립니다. 호텔 족보는 오로지 혼자만 보셔야 합니다. 그 누구에게도 보여주거나 빌려주거나 복사해줘서는 안됩니다. 지키지 않는 분은 반드시 그에 따른 처벌이 있을 겁니다. 선배들이 우리를 위해 지켜온 전통이고, 우리도 후배들을 위해서 지켜야 하는 전통입니다. 절대로 이기적인 행동하지 않으시기 바랍니다."

호텔 족보는 국시 정보가 담긴 시험 족보였다. 1년 동안 전국의 치과대학 학생회 임원들이 한 달에 한 번 정기적으로 모여 각자 파악한 정보를 취합해 만들었다.

광호는 말로만 듣던 호텔 족보를 살펴보았다. 한 과목은 시험에 자주 나오는 중요한 내용들이 손글씨로 보기 좋게 정리되어 있었다. 다른 과목은 기출 문제들이 연도별로 정리되어 있었다. 이 정도라면 이상할 게 없는, 다른 분야에서도 드물지 않게 볼 수 있는 시험 족보였다.

그런데 어떤 과목은 '65페이지 12~14행', '103페이지 3~4행' 등과 같이 교과서 몇 페이지 몇째 줄이라는 메모만 잔뜩 적혀 있었다. 이틀 뒤의 국시에서 이 과목의 문제는 모두 족보에 표시된 교과서 부분에서 출제되었다. 나중에 들은 바로는 국시 문제를 출제한 교수가 강의실에 학생들을 모아놓고, 직접 페이지를 불러주며 교과서에 밑줄을 긋게 했다고 한다.

또 다른 과목은 국시 출제 형식의 문제가 약 20개 출력돼 있었다. 모의고사로 생각하고 문제를 풀고 관련 내용을 공부했다. 그런데 광호는 이틀 뒤 시험장에서 흠칫했다. 지문과 보기가 완전히 같았기 때문이었다. 문제가 사전에 유출된 것이었다.

'족보가 아니라 유출된 시험 문제였구나.'

국시를 끝내고 나서야 호텔 족보에 단순히 시험 정보만 담긴 게 아니라는 것을 알았다. 마음이 무거웠다. 물론 호텔 족보 덕분에 수월하게 공부하긴 했다. 시험에도 무난히 합격할 것 같았다.

호텔 족보는 학생회 임원들이 나머지 학생들을 위해 귀한 시간을 내어 봉사한 결과물이었다. 하지만 분명 옳지 못한 일이었다. 학생회가 외부 유출에 그토록 신경 쓴 것을 보면 그들도 무언가 당당하지 못한 일이라는 사실을 알았던 것 같다.

그런데 왜 '호텔 족보'라고 불렀을까. 치과의사 국시는 서울에서만 치러진다. 그래서 지방의 치과대학생들은 국시 며칠 전부터 서울의 호텔에서 합숙을 했다. 학생회가 만든 국시 족보 최종 편집본이 바로 이 합숙 기간에 호텔에서 배포되었다. 그래서 호텔 족보였다. 어쩌면 언젠가부터 이 족보를 배포하기 위해 호텔에서 합숙했던 게 아닐까 하는 생각도 들었다.

어쨌든 불합격할지도 모른다는 공포에 시달리는 학생들에게 호텔 족보를 주지 않겠다는 것은 학생회가 할 수 있는 가장 무서운 위협이었다. 그러니 아무도 맥시를 어기지 않았다.

'그런데 치과의사들 말이야. 무슨 학원이라도 같이 다니는 거야?'

홍재의 느닷없는 질문에 광호가 호텔 족보를 떠올린 것은 일종의 데자뷰였다. 10년 전, 그들은 점수 경쟁을 하지 않으면 모두가 높은 학점을 받을 수 있다는 것을 알았다. 그러기 위해서는 배신자가 생겨서는 안 된다는 것도 알았다. 그래서 가장 무서워할 만한 것을 무기로 삼아 위협했다. 그때는 맥시였고, 이번엔 미니다. 광호는 임플란트 가격 미니를 어겼다.

국민구강보건 향상

홍재의 말대로 증거가 필요했다. 광호와 동네치과네트워크 회원들은 각종 증거를 모으기 시작했다. 증거를 구하기 가장 쉬운 곳은 각자가 속한 지역협회의 온라인 카페였다. 광호도 정말 오랜만에 협회의 카페에 들어갔다. 들어가보지 않은 사이 광호를 성토하는 글이 잔뜩 올라와 있었다. 표준수가를 지키지 않고 버티는 광호를 그냥 둬서는 안 된다는 글이 대부분이었다. 모두 캡처했다. 과거 게시물들도 검색했다. 강현욱 원장의 공개 사과문과 민원 철회를 검토하겠다는 장민구의 글도 캡처했다. 다른 지역협회의 카페에도 진료비 담합을 대놓고 의논하는 글들이 수두룩했다. 카페 게시물 캡처만으로도 증거가 충분하다고 느껴질 정도였다.

제목 : 일반수가 권장가를 재정리할 필요가 있어 보입니다.

작성자 : 김재정

개원 후 가장 어려운 점이 비보험수가 정하는 것 같습니다.

개원 시 협회에서 알려주신 협정 가격은 이제 큰 의미가 없는 것

같습니다.

지나고 보니 저만 지키고 있는 것 같고 전체적으로 많이 낮아진

것 같네요.

협회에서 권장가를 다시 확실하게 정해주셨으면 합니다.

그리고 잘 지켜지는지도 협회 차원에서 확실히 감시할 필요가 있

어 보입니다.

ㄴ 박상한 : 협정가가 비싸다고요? 이상하네, 재작년에 정해진

　건데 벌써 안 지키는 데가 있다고요? 거기가 어딘가요? 여기

　직접 쓰기 곤란하시면 전화주십시오.

ㄴ 장정혁 : 협정가보다 낮게 하는 데가 있다니 어이가 없네요.

　재료비나 금값 등 인상 요인이 많은데 제 생각엔 오히려 협정

　가를 올려서 다시 정해야 할 것 같은데요.

   ㄴ, 한정한 : 그렇지 않아도 인상 요인이 많아서 현재보다 오른

    협정가를 올해 말쯤에 다시 정하려 합니다. 옆 동네 청안시도

    올해 말에 조정한다고 하니 참고하여 정하겠습니다. 혹시 현

    재 협정가를 지키지 않는 회원들이 있다면 반드시 임원진에게

    신고해주십시오.

  어떤 지역은 아예 협회의 정관에 가격 담합이 명시되어 있
었다. '표준의료수가의 책정'이라는 그럴듯한 문구로 포장되
어 있었지만, 그게 바로 담합이다. 정관 전문을 파일로 다운
받았다. 광호는 '본회는 국민구강보건 향상을 도모한다'는 문
구에서 한참이나 시선을 떼지 못했다.

대경시치과협회 회칙

  제 1장 총칙

  제 3조 : 본회는 국민구강보건 향상을 도모한다.

  (생략)

  제 28조 : 정기 총회는 다음 사항을 행한다.

  가. 회무 보고사항

  나. 예산 및 결산사항

  다. 표준의료수가의 책정

(생략)

　광호가 중식당에 불려갔던 것처럼 지역협회의 임원진에게
호출을 당한 회원들도 있었다. 그동안 이 핑계, 저 핑계로 참
석을 피하던 회원들이 용기를 내서 모임에 참석해 대화를 녹
음했다.

　"지금 우리 원장님들이 화가 많이 나 있습니데이. 우리 지
역은 그동안 단합이 잘 되가 질서가 딱 잡히 있었는데, 원장
님이 지금 질서를 깨고 있다 아임니까. 지금 원장님 이 동네
서 쫓아내라고 난립니데이. 내가 그래도 마지막으로 기회를
함 주보자고 이래 회장님 모시고 자리를 만들었으니까네 원
장님도 이제 고마 고개 좀 숙이소. 여 학교 선배들도 많다 아
잉교. 계속 그래 할 낍니까?"

　"제가 임플란트 가격만 올리면 되겠습니까?"

　"그렇지애. 그거 때메 그라지 우리가 머 원장님이 미워가
그랍니까. 그라고 다른 진료들도 좀 싸든데 다 좀 올리 받으
이소. 다 같이 잘 묵고 잘 살자고 하는 기지, 원장님 괴롭힐라
꼬 이라는 기 아입니데이."

　광호가 처음 개원했을 때 팩스로 표준수가표를 받았던 것
처럼 표준수가표를 핸드폰 메시지로 받은 회원도 있었다. 핸

드폰 화면을 캡처하고 통신사를 방문해 문자 수신 내역도 확보했다.

발신자 : 한엄수 부회장/건승치과

개원을 축하드리며 원장님의 건승을 빕니다. 앞으로 지역 모임에 꼭 참석해주실 것을 부탁드리며 진료비 가이드를 안내해드리니 엄수해주시기 바랍니다.

임플란트 : 국산 200/외산 250/뼈 이식 100

골드 크라운 : 45

골드 인레이 : 25

레진 : 13

스케일링 : 6

(생략)

몇몇 회원은 협회에서 구인을 방해한 정황도 확보하기 위해 직원들과의 통화를 녹음했다.

"그러니까 김 선생님, 도대체 왜 그만두겠다는 거예요? 그만두더라도 병원에 와서 얼굴 보고 이유라도 얘기해야지. 너무서운해서 그래요."

"원장님, 제가 정말 죄송한데요. 더 이상 출근할 수가 없어서요."

"아니, 도대체 왜요? 무슨 일이길래 갑자기 전화로 이렇게 못 나온다고 하는 거예요?"

"원장님도 다 아시잖아요. 제가 말씀 안 드려도⋯⋯."

"네? 아니, 진짜 몰라요. 김 선생님, 무슨 안 좋은 일 있어요?"

"아니, 그게 아니라. 하아⋯⋯ 원장님 리스트치과 아시죠? 거기 있는 제 친구가 지금 저 보고 그만두라고, 당장 안 그만두면 블랙리스트에 오른다고⋯⋯ 난리를 쳐 가지고요."

"블랙리스트? 무슨 블랙리스트요?"

"리스트치과 원장님이 이 동네 치과의사들 대빵이신데, 그 원장님한테 찍히면 저 이 동네에서 취직 못해요. 지금 우리 병원에서 일하면 블랙리스트 올린다고 동네에 소문이 다 났대요."

"아니, 우리 병원이 왜요? 혹시 임플란트 때문에?"

"네⋯⋯ 너무 싸게 한다고⋯⋯ 협회 방침 안 지키는 불량 회원이 하는 병원이라고⋯⋯."

'먹튀치과 주의보'와 비슷한 내용의 전단지가 돌아다니는 지역도 꽤 있었다. 대부분 가격이 싼 치과는 무언가 문제가 있는 곳이니 가지 말라는 내용이었다. 각 지역의 회원들이 사진을 찍어 제보했다. 광호도 환자가 가져다준 전단지를 챙겼다.

당신의 소중한 치아를 싼 가격에 맡기지 마십시오.
당신의 치아는 소중합니다.
- 대경시치과협회

이빨 치료할래? 치아 치료할래? 싼 게 비지떡,
덤핑보다 환자를 소중히 여기는 치과로.
- 경제시치과협회

당신의 치아는 싸구려입니까?
소중한 치아, 함부로 최저가에 맡기지 마십시오.
- 수변광역시치과협회

광호와 회원들은 몇 달에 걸쳐 증거자료들을 확보했다. 그리고 밤새 지역별, 유형별, 시간 순으로 정리했다. 자료들이 어떤 의미인지에 대한 설명도 함께 첨부했다. 혹시나 중요한 자료들을 잃어버릴까 몇 번이나 백업도 했다. 광호는 정리된 자료를 처음부터 끝까지 훑어보았다. 창피했다. 소위 배웠다는 사람들이 한 짓이라기엔 너무 치졸했다. 홍재에게 자료를 보내기 전 회원들과 며칠을 두고 고민했다. 이 자료들을 외부에 알리는 것이 과연 잘하는 일일까. 제 얼굴에 먹칠하는 일은 아닐까.

"자료를 꽤 모았네. 이 정도면 공정위에서 그냥 무시할 수 없긴 하겠다."

계절이 또 한 번 바뀌고 만난 홍재는 여전히 일에 찌든 모습이었다.

"그래? 이 정도면 다 처벌할 수 있는 거야?"

광호가 반색하며 되물었다.

"솔직히 말해서 처벌까지는 힘들 거 같다."

"증거가 이렇게 많은데 처벌이 안 된다고?"

홍재는 실망한 기색이 역력한 광호를 잠시 쳐다보고는 말을 이었다.

"전체적으로 증거는 많아 보여. 만약에 한국치과협회 회장이 이 모든 일을 지시했고 그에 따라 전국의 각 지역협회가 조직적으로 움직인 거다, 그러면 아주 큰 사건이 될 거야. 그런데 너네 사건들은……."

광호와 동네치과네트워크 회원들이 수집한 자료는 많은 양이었다. 그러나 지역별로 분류해놓고 보면 증거는 빈약했다. 변명이 가능한 가벼운 사건들을 여러 개 모아놓은 것뿐이라는 게 홍재의 설명이었다.

"그래도 일단 공정위 홈페이지에 가서 진정을 넣어봐."

"처벌도 안 될 텐데 진정을 넣는 게 무슨 소용이야?"

광호는 동네치과네트워크 회원들에게 어떻게 이야기해야 할지를 걱정하며 힘없는 목소리로 물었다.

"공정위 홈페이지에 진정서를 일단 접수해. 진정을 넣으면 공무원들은 무조건 그에 대한 답변을 해야 되거든. 그래서 각 지방 사무소로 진정 내용을 전달할 거야. 그러면 지방 사무소는 진정 내용이 사실인지 아닌지 현장조사를 하게 돼 있어."

"조사해도 어차피 처벌이 안 된다며?"

"각 지방마다 지역 신문들이 있어. 거기 기자들한테도 진정서를 보내."

"지역 신문에 제보를 한다고?"

"지역 신문들은 기사거리가 별로 없거든. 전국 신문에 날 일은 아니지만, 지역 신문에는 기사를 낼 수도 있을 거야."

실망했던 광호의 눈빛이 조금씩 반짝였다.

"예를 들면, '창주시의 치과의사들이 임플란트 가격을 담합하고, 이에 따르지 않는 치과의사들의 영업을 조직적으로 방해해 왔다는 의혹이 제기되었다. 그래서 공정위가 조사에 나섰다' 이런 식으로 말이야."

"아하, 조사를 했다는 사실만으로도 뉴스가 되기도 하는 거야?"

"그럼. 그런 게 언론 플레이야. 우리도 사건 다룰 때 물밑으로 언론 플레이 많이 해. 기 싸움 하는 거지."

"그런데 어차피 처벌도 안 될 텐데 그런 기사나 난다고 해서 도움이 될까?"

"너 병원에 막 공무원들 찾아오고 기자한테 전화오고 그러면 어떨 거 같아?"

광호는 보건소와 구청의 공무원들이 병원에 찾아왔던 때를 떠올렸다. 대답을 못하고 있는 광호에게 홍재가 씩 웃으며 말했다.

"쫄게 만드는 거지."

친구 찾기

다음은 우리 지역 뉴스입니다. 최근 대경시치과협회가 정한 '가격 담합'을 거부한 치과의사가 보복을 당했다는 주장이 잇따라 나왔습니다. 김선중 기자입니다.

광연동의 한 치과병원 A원장은 2년 전 황당한 일을 겪었습니다. 환자가 몰래카메라로 진료 장면을 촬영한 뒤 무자격자가 의료 행위를 도왔다며 보건소에 고발했기 때문입니다. 결국 무혐의 처분을 받았지만 A원장은 임플란트 가격 담합을 거절한 데 따른 지역치과협회의 보복이라고 주장했습니다.
뿐만 아니라 직원 채용도 방해 받았다고 주장했습니다.

A원장/치과의사 : 직원들한테 전화해서 그 병원 이상한 데니까 나오는 게 좋겠다, 안 그러면 다른 원장님들한테 찍힐 거다 하면서 직원들을 빼가기도 했죠.

이 병원뿐 아니라 담합에 동참하라는 요구를 거절해 각종 보복을 당했다는 치과가 대경시에서만 다섯 곳에 이릅니다. 이들은 지역 기관에 알려도 봤지만 소용이 없었다고 토로했습니다.

C원장/치과의사 : 묵인해주는 기관이 있기 때문에 이게(보복) 가능하지 않나. (신고하면) 평소에 잘하지 그랬어? 이런 답변이 돌아오니까…….

하지만 대경시치과협회 측은 가격 담합을 한 사실도 없고, 강제할 방법도 없다며 보복 행위를 한 적이 없다고 주장했습니다. 공정위는 가격 담합과 영업방해 행위가 실제 있었는지 확인하기 위해 최근 현장조사를 벌였습니다.

서울 사람들은 지방 뉴스가 따로 있다는 사실을 잘 모른다. 각 방송사의 저녁 뉴스는 30분 정도 주요 소식을 전한 뒤 마지막 15분 정도에 비교적 가벼운 뉴스들을 전한다. 바로 이 15분 동안 지방에 사는 사람들은 그 지역 뉴스 화면을 보게 된다. 그 지방 뉴스에 드디어 동네치과네트워크 회원들의 피해 사례가 보도되었다.

광호와 회원들은 홍재의 조언대로 공정거래위원회 홈페이지에 진정서를 접수했다. 한 달이 지나서야 답변이 왔다. 각 지방 사무소로 이관하여 조사하도록 했다는 내용이었다. 또 한 달이 넘게 지나서야 공정위의 각 지방 사무소에서 피해 회원들에게 연락이 오기 시작했다. 피해 당사자부터 조사를 하는 모양이었다.

회원들은 지역 신문들의 기사를 뒤져 기자들의 이메일 주소를 모았다. 진정서 내용에서 해당 지역의 사례를 별도로 눈에 띄게 표시해 기자들에게 발송했다. 기자들 눈에는 분명 충격적인 내용이었을 것이다. 기자들의 문의전화가 이어졌다. 회원들은 구구절절 사연을 설명한 후 공정위에서 조사를 시작했으니 꼭 취재해달라는 말을 덧붙였다. 또 한두 달이 지나서야 한 지역 신문에 조그맣게 단신이 실렸다. 다른 지역에도 몇 군데 더 차례로 기사가 나기 시작했다. 인구가 꽤 많은 시 단위 지역의 공정위 조사가 시작되자 방송사 기자에게서도 연락이 왔다. 그리고 비록 지역 방송이지만 드디어 방송 뉴스에 사건이 보도된 것이다. 광호가 두 번째로 홍재를 만나고 온 뒤 6개월 만이었다.

다음 날 아침 광호는 덴탈갤러리에 접속했다. 뉴스에 대한 치과의사들의 반응이 궁금했기 때문이었다. 덴탈갤러리는 한국치과협회 홈페이지에 있는 치과의사들의 익명 게시판이다. 애초에는 치과의사들이 임상 사진을 올리고 그에 대해 토론하기 위한 목적으로 만들어졌다. 그런데 신원이 공개되지 않는 익명 게시판인데다가 치과의사들만 접속할 수 있었기 때문에 점차 치과의사들의 거대한 온라인 놀이터가 되었다. 광호가 처음 이 게시판을 알게 된 것은 아크로 청원 글 때문이었다. 치과의사들에게 광호의 글이 공유되었던 곳이 바로 여기 덴탈갤러리 게시판이었다. 동네치과네트워크의 초기 회원들은 이곳에서 광호의 글을 보고 쪽지를 보냈던 것이었다.

덴탈갤러리에는 이미 지난밤 뉴스에 관련된 글들이 올라와 있었다. 댓글도 벌써 여러 개가 달렸다.

제목 : 치과 가격 담합 지금 대경시 지역 뉴스에 나오네요

http://chudjksc.com/ksadl/jflksd?r=709

어이가 없네요.
이거 정부가 보험수가 낮추자는 여론 조성하려고 사전 작업하는

느낌인데요?

ㄴ 익명 1 : 얼마 전에 대경시 동기가 수가 정해져 있어서 그 밑
    으로는 안 받는다고 하더니 저건가 보네요. 돈 많이 번다고
    자랑 엄청 하던데…….

ㄴ 익명 2 : 담합 좀 합시다…… 제발.

ㄴ 익명 3 : 대경시로 가자!

ㄴ 익명 4 : 대경시 원장님들 파이팅입니다.

ㄴ 익명 5 : 응원합니다, 대경시!

제목 : 지역협회에서 도대체 무슨 일을 하나 했더니……

http://chudjksc.com/ksadl/jflksd?r=709

이런 일 하고 있었군요.

찾아보니까 다른 지역도 몇 군데 이미 털렸네요.

지역 회비 내면 그 회비 일부가 지역 모임 밥값/술값에 사용되는

건 알고들 계시죠?

ㄴ 익명 1 : 뭔 소리지? 동네 사람들끼리 모여서 과잉경쟁 하지
    말고 얼마 이하로 받지 말자 하는 거면 좋은 거 아님??? 그런

일하는 데 내 돈 쓰이는 거면 소고기 먹어도 됨.

ㄴ 익명 2 : 지역 모임 가셔서 수가 높이자고 단합하시고 덤핑치과 같이 대응하고 그러는 건 좋은 거죠. 그러라고 지역 모임 밥/술 하면서 모이는 거구요.

ㄴ 익명 3 : 지역 모임에 한 번도 안 나가보셨군요. 깔 걸 깝시다. 이런 건 잘하는 거예요.

ㄴ 익명 4 : 회비는 안 내도 되는데, 지역 모임은 좀 나가고 사쇼. 깔 걸 까야지.

ㄴ 익명 6 : 이 글 쓴 샘 치과의사 맞기는 한 겁니까? 운영자님, 이 분 확인 좀 해주시죠. 이런 걸 왜 까나요. 덤핑치과에 맞서는 잘하는 행동이구만.

지난밤 뉴스가 보도된 직후 동네치과네트워크 회원들은 축배를 드는 분위기였다. 드디어 세상이 자신들의 이야기에 귀를 기울여주기 시작했다는 기쁨이었을 것이다. 지역협회의 괴롭힘은 더 이상 없을 것만 같았다. 괴롭힘에 앞장선 임원들도 이제 모두 벌을 받게 될 것만 같았다. 하지만 덴탈갤러리의 반응을 살펴본 광호는 마음이 무거웠다. 왠지 아무것도 달라지지 않을 듯한 예감이 들었다.

덴탈갤러리는 며칠 동안 계속 시끄러웠다. 하지만 반성이

나 비판의 목소리는 전혀 없었다. 오히려 뉴스에 보도된 지역협회의 행위들이 도대체 어디가 어떻게 잘못된 것이냐는 목소리가 컸다. 표준수가는 담합이 아니라 시장의 혼란을 막는 안전장치라고 했다. 또한 가격이 너무 싸면 무지한 국민들이 치과의사를 우습게 여길 것이라고도 했다. 비싼 가격은 남들 놀 때 열심히 공부한 것에 대한 대가이며, 이런 뉴스는 치과의사가 돈을 많이 버는 것이 배가 아픈 사람들이 터뜨리는 거라고도 했다.

지역협회를 비판하는 치과의사들도 있기는 했다. 배신자들에 대한 처단을 너무 티가 나게 했다는 지적이었다. 협회가 한 일이 잘못된 것은 아니지만 어차피 어리석은 국민들은 이해할 수 없기 때문에 티 나지 않게 했어야 한다는 것이다.

오히려 이번 기회에 협회가 전국의 표준수가를 관리해야 한다는 주장도 나왔다. 의료 시장은 특수한 영역이라 시장원리에 맡겨서는 안 되고 협회가 법적으로 표준 가격을 딱 정해 줘야 치과의사들이 맘 놓고 진료에 전념할 수 있다는 것이다.

하지만 무엇보다도 공정위에 사건을 제보한 치과의사들에 대한 비난이 가장 컸다. 입에 담지 못할 욕설이 난무했다. 제보자들은 자기만 잘 먹고 잘 살기 위해 다른 치과의사들을 굶겨 죽이는 사이코패스가 되어 있었다. 주변 치과의사들과 어울릴 줄 모르는 소시오패스라고도 했다. 동료를 고자질한 대가는 반드시 자식들이 대신해 치르게 될 것이라는 무서운 저주도 퍼부었다. 그리고 하나같이 제보자를 반드시 '색출'해야 한다는 결론으로 끝났다. 색출해서 도대체 어쩌겠다는 걸까.

우리나라 치과의사 대부분이 가입되어 있는 이곳의 분노는 식을 줄 모르고 계속 끓어올랐다.

어쨌든 홍재의 말대로 그들을 '쫄게' 만든 것은 분명해 보였다. 이미 공정위의 현장조사가 시작되었을 때부터 지역협회 카페에서는 가격 담합에 관한 글들이 하나씩 지워졌다. '먹튀치과 주의보' 같은 전단지도 더 이상 돌지 않았고, 버스 광고도 사라졌다. 보건소나 구청의 공무원들이 병원에 나타나는 횟수도 많이 줄었고, 직원을 구하는 일도 조금씩 수월해졌다. 눈에 띄는 일은 동네치과네트워크 회원들이 지역협회의 카페에서 접속 차단을 당했다는 것 정도였다. 광호도 카페에 더 이상 접속할 수 없었다. 지역협회는 제보자가 누군지 짐작할 수밖에 없었다. 자신들이 괴롭히던 대상을 모를 수는 없는 일이다.

덴탈갤러리에는 치과의사들의 분노가 쌓여갔지만 현실 세계에는 어쨌든 평화가 찾아왔다. 광호와 동네치과네트워크 회원들은 앞으로의 일을 고민했다. 당분간은 조용하겠지만 사람들의 관심이 멀어지면 또다시 괴롭힘이 시작될지도 모른다. 언제 누구에게라도 책잡힐 일이 없도록 원칙을 지켜가며 병원을 운영하는 수밖에 없다는 데 모두들 동의했다.

공동구매를 시작했다. 좋은 치과 재료를 선정해 100여 명의 회원들이 공동으로 구매했다. 대량으로 구매하니 업체들은 훨씬 싼 가격에 재료를 납품해주었다. 고가의 최신 의료장비들도 여러 명이 한꺼번에 구매한다는 조건으로 싸게 들여올 수 있었다. 한 대에 수천만 원씩 하는 CT 촬영장비 같은 것들은 혼자서 구매할 때보다 천만 원 이상 할인 받을 수 있었다. 비용이 절감되니 병원의 수익이 늘어났다. 수익이 늘어난 만큼 진료비를 더 낮추는 회원들도 늘어났다.

봉사활동도 시작했다. 주로 온라인으로 활동하던 회원들은 점차 오프라인에서도 모임을 갖기 시작했는데, 그중 학창시절 진료 봉사 동아리 활동을 했던 회원들이 진료 봉사 동호회를 만들었다. 한 달에 한두 번 정도 보육시설 어린이들에게 양치질 교육을 하거나 양로원 어르신들의 틀니를 손봐주었다.

그러나 평화는 오래 지속되지 않았다. 그들이 결국 배신자들을 '색출'하는 데 성공했기 때문이었다.

제목 : 친구 찾기 - 존경해드릴 분들 명단입니다.

권광호 서울대 98 / 창주시 창안동 권광호치과 / 카페지기

최용재 연희대 93 / 대경시 광연동 스마일치과 / 부카페지기

이경선 경지대 99 / 경제시 철원동 행복치과 / 부카페지기

박동철 경복대 96 / 수변광역시 해변동 웃는얼굴치과 / 일반 회원

(생략)

앉으나 서나 국민들의 주머니 사정 걱정밖에 없으신 존경 받아 마땅한 원장님들 명단입니다. 어렵게 입수했네요. 이름 하여 동네치과네트워크라고 하네요. 얼마 전 뉴스 제보한 그분들입니다. 어찌나 국민들만 생각하시는지 임플란트를 글쎄 100만 원에 한다네요. 그럴 바엔 그냥 무료로 할 것이지. 다들 친구 찾아보셔요. 찾으면 오랜만에 안부전화 한 번들 하시구요. 왜 그렇게 사냐고요ㅋㅋㅋ

ㄴ 익명 1 : 이 새끼들이 덤핑 치는 그 새끼들인가요?

ㄴ 익명 2 : 권광호, 저 인간이 우두머리인가 보죠? 도대체 어떤 인간입니까? 서울대 샘들 얘기 좀 해보시죠.

ㄴ 익명 3 : 광호 괜찮은 애였던 걸로 기억하는데…… 왜 저기가 있지?

ㄴ 익명 2 : 괜찮은 애면 괜찮아야죠. 안 괜찮잖아요. 괜찮은 인간이 저런 짓 합니까?

└ 익명 4 : 내 동기도 하나 있네.

└ 익명 5 : 우와, 이 명단 어떻게 확보하신 거죠? 이분들이 지

들만 사시겠다고 덤핑 치시는 바로 그분들인 거죠?

└ 작성자 : 자기들끼리 비공개 카페 만들어놓고 작당 모의하고

있더라고요. 카페에 잠입해서 명단 확보했습니다. 엑셀로 정리

하느라 애 좀 먹었네요. 지들끼리는 아주 국민들을 위해 봉사

하는 양 난리가 났더군요.

└ 익명 6 : 협회는 뭐합니까? 이런 인간들 면허 취소해야 되는

거 아닙니까?

(생략)

동네치과네트워크 카페는 비공개로 운영되고 있었다. 기
존 회원의 초대를 받아야만 가입할 수 있는 구조였다. 그런데
회원 중 누군가가 카페 회원 전체의 명단을 정리해서 덴탈갤
러리에 공개했다. 회원 정보에 기록된 출신 학교와 학번, 치
과 이름, 그리고 카페 내에서의 역할까지 꼼꼼하게 표로 정리
했다. 애초에 누군가가 의도를 가지고 위장 가입을 한 것이
틀림없었다.

'친구 찾기'라는 제목은 신상 털기를 부추기는 제목이었다.
치과대학은 전국에 11개밖에 없다. 정원이 가장 많은 곳이 한
학년에 100명, 적은 곳은 2~30명이다. 같은 학교 출신에 비슷

한 학번이면 서로 안면이 있을 수밖에 없었다. 덴탈갤러리의 회원들은 익명의 탈을 쓰고 온갖 뒷담화를 늘어놓기 시작했다.

ㄴ 박동철, 이 친구는 학생 때부터 자기밖에 몰랐어요. 성적 잘 받으려고 리포트도 남들 다섯 장씩 낼 때 혼자 열 장 내는 놈이었어요. 사회성도 없어서 동아리 모임 하고도 술자리는 참석 안 하고 집에 가서 공부하더라고요. 우리 학번 독사였어요.

ㄴ 용재는 돈 많이 벌어서 여자 꼬시려고 저러고 있나? 학생 때부터 여자 무지 밝히더니ㅋㅋㅋ

ㄴ 이경선 선배, 엄청 가난해서 4학년 때도 과외 몇 탕씩 뛰고 그랬어요. 아마 돈에 한이 맺혀서 그럴 겁니다. 임플란트 싸게 해서 그 동네 싹쓸이 하려고 그러나 보죠.

ㄴ 누군지는 말할 수 없지만 병원 엄청 크게 했다더니 대출 엄청 땡겼나 보네요. 그 대출 다 갚을라면 덤핑 쳐야지 별 수 있나ㅎㅎㅎ

검증할 수 없는 수많은 이야기들이 쏟아졌지만 결국 단순했다. 그들은 '저놈들은 원래부터 나쁜 놈들'이라고 말하고 싶어 했다. 명단은 '존경 샘들을 잊지 맙시다'와 같은 제목으로 잊을 만하면 다시 올라왔다. 그때마다 신상 털기와 인신공격은 반복되었다. 험담은 이 댓글 저 댓글을 오가며 점점 업그레이드 되었다. 특히 카페지기인 탓에 우두머리로 여겨진 광호에 대한 뒷담화는 가관이었다.

　└ 동네치과네트워크가 사실은 한 사람 소유라던데 맞나요?
　　└ 광호는 학생 때 고학생 코스프레 했는데 사실은 엄청난 재력가의 아들인 걸로 압니다. 아버지가 부산 지역 국회의원이었다던데요. 저 100개 넘는 치과들 사실은 광호가 뒷돈을 댄 걸로⋯⋯.

　└ 저 인간들 다 바지 원장이었다는 게 사실이었군요. 권광호는 돈 어마어마하게 벌었겠는데요.

　└ 그럼 혹시 저 공정위 뉴스도 권광호가 자기 병원들 양심적인 병원인 양 홍보하려고 자작극 벌인 거 아닐까요?

명단은 오프라인에서도 돌아다녔다. 한 학술대회 세미나 현장에는 '친구를 찾습니다'라는 대형 현수막이 걸렸다. 현수막 아래에는 명단이 크게 출력되어 바닥에 깔렸다. 치과의사들은 그 명단을 밟고 다녔다. 아마도 치과계의 쓰레기 같은 존재라는 뜻의 퍼포먼스였을 것이다.

명단 속의 회원들은 여러 형태로 왕따를 당했다. 소속된 학회에서는 이들의 회원 자격을 정지시켰고, 출신 대학의 동창회는 이들을 제명시켰다. 치과의사들의 사적인 모임에서도 배제되었다. 이런 분위기 속에서 회원들은 치과의사들의 모임에 나가기를 스스로 포기했다.

결과적으로 명단 공개의 위력은 대단했다. 동네치과네트워크 회원 중 30명 정도가 카페를 탈퇴했다. 광호는 그들을 이해했다. 사람들의 입에 이름이 오르내린다는 것은 그 자체로 고통이다. 어쩌면 이 모든 것이 광호 때문인지도 몰랐다. 공정위에 진정을 넣지 않았다면, 카페를 만들지 않았다면, 쪽지에 답하지 않았다면, 청원 글을 올리지 않았다면, 그냥 중식당에서 사과하고 가격 담합을 따랐다면 그들이 이렇게까지 욕을 먹지는 않았을 것이다.

하지만 많은 회원들이 명단이 공개된 후에도 동네치과네트워크에 남았다. 그들에게는 저마다의 이유가 있었다. 이미 왕따가 되었는데 탈퇴한들 달라질 게 뭐가 있냐는 이들이 있었다. 다른 치과의사들과는 애초에 별로 교류가 없어서 왕따당할 일 자체가 없다는 이들도 있었다. 그리고 진료비를 싸게 하는 것이 뭐가 잘못이고 부끄러운 일이냐며 소신을 지키겠다는 이들도 있었다. 광호는 자신의 이유는 무엇일까 생각해보았다. 쉽게 답할 수 없었다. 오기일지도 모르겠다고 생각했다. 이미 우두머리로 낙인찍힌 마당에 달리 다른 길도 없었다.

'가격은 내가 만족하면 되는 거예요. 나는 비싸게 받지 않으면 자존심이 상해서 못 살겠다 하는 사람은 그렇게 받으면 되는 거고, 나는 요만큼만 받아도 충분하다 싶으면 그만큼만 받으면 되는 거예요. 나는 요만큼만 받아도 되는데 저 사람이 만족 못한다고 내가 더 받을 필요는 없잖아요? 내가 그 사람 기분 좋으라고 사는 건 아니니까. 환자들도 정작 자기를 치료해준 의사는 괜찮다는데 본 적도 없는 의사들 때문에 돈 더 내야 된다는 거 아니에요. 그럼 안 되지. 그냥 우리는 생긴 대로 삽시다.'

회원 중에 그나마 연배가 있는 원장이 괴로워하는 광호의 글에 남긴 댓글이었다.

광호와 남은 회원들은 일상을 회복했다. 평상시와 다름없이 출근하고 진료하고 퇴근했다. 덴탈갤러리도 한결같았다. 동네치과네트워크는 이제 덤핑치과네트워크로 불렸고 여전히 모두의 적이었다. 지역협회들은 여전히 '티 안 나는' 방법으로 조금씩 애매하게 회원들을 괴롭혔다. 회원들은 그저 견디거나, 때로는 대응하며 아슬아슬한 일상을 이어 나갔다. 그렇게 소리 없는 공방전은 해가 서너 번 더 바뀔 동안까지도 계속되었다.

깡

위기는 누군가에겐 기회가 된다. 김재형은 그 기회가 드디
어 자신에게 왔다고 생각했다. 김재형은 어린 시절부터 깡이
있었다. 시골 마을의 골목대장은 당연히 김재형의 몫이었다.
초중고 시절에는 내내 반장과 회장을 도맡아 했다. 치과대학
에서도 과대표를 여러 번 했다. 강남에서 큰손들을 진료하고
싶었지만 금수저는 아니었기에 서울 서쪽의 작은 구에 개원
을 했다. 구 협회 모임에 열심히 나갔다. 작은 직책부터 출발
해서 구 회장을 맡기까지 10년이 걸렸다. 구 회장을 맡으면
서 서울시 협회 일도 시작했다. 어린 시절에 깡으로 불리던
것이 어른이 되어서는 리더십으로 불린다는 것을 알았다. 샌

님 같은 치과의사들 사이에서 김재형의 거친 리더십은 빛났다. 10년 간 직책은 차례차례 올라갔고, 이제 한국치과협회의 주요 이사 자리를 꿰찬 지도 꽤 되었다.

30년을 협회를 위해 일했다. 이제는 가장 높은 자리를 노려볼 만했다. 그런데 망할 치과협회는 서울대 놈들이 다 장악하고 있었다. 한국의 치과대학 중 서울대가 가장 먼저 생겼다. 졸업생이 가장 많다는 뜻이다. 국회의원들의 정치가 정당 중심으로 이루어진다면 치과계의 정치는 동창회 중심으로 이루어졌다. 선거철이 되면 김영삼 전 대통령이 3당 합당을 했던 것처럼 각 대학 동창회가 연합을 했다. 졸업생이 가장 많은 서울대와 연합하는 쪽이 늘 이겼다. 그래서 한국치과협회의 역대 회장들은 모두 서울대 출신이었다. 서울대 후보가 당선되면 그와 연합한 타 대학 출신 러닝메이트가 자동으로 부회장이 되었다. 그러니 서울대 출신이 아닌 이들은 서울대 후보와 연합해 부회장 자리를 차지하는 것이 그나마 가장 높은 자리에 오르는 방법이었다.

김재형은 K대 출신이었다. 서울대를 나왔다면 회장은 진작 본인의 차지였을 거라고 생각했다. 하지만 대학을 다시 다닐 수는 없는 노릇이었기에 곧 다가올 회장 선거에서 서울대 후보의 러닝메이트가 되기 위해 물밑 작업을 벌이고 있었다. 김재형은 자신이 K대 동문들에게 얼마나 입김을 행사할 수 있는지를 어필해야 했다. 자존심 상하는 일이었다. 그러던 중 전직 비례대표 국회의원을 지낸 변호사 친구 이경수의 제안은 심장을 두근거리게 만들기에 충분했다.

"그러지 말고 그냥 자네가 직접 회장 후보로 나가면 안 되나?"

이경수가 얼음잔에 희석된 양주를 작은 잔에 옮겨 따르며 김재형에게 물었다.

"알잖아. 서울대 놈들이 협회 다 장악하고 있는 거. 서울대 출신이 제일 쪽수가 많아서 안 돼."

"선거에서는 이슈를 장악해야 하는데…… 요즘 치과의사들 제일 관심사가 뭐야?"

"관심사? 경영이겠지. 옛날 같지 않아서 요즘은 문 닫는 친구들도 많거든. 임플란트가 한창 블루오션이라 거기 제일 관심이 많아."

"아니, 그런 거 말고, 응? 자극적인 거. 막 싸움 붙일 만한 거 말이야."

이경수가 답답하다는 표정으로 말했다.

"싸움? 글쎄. 요즘 덤핑치과네트워크라고 임플란트 가격 싸게 하는 젊은 패거리가 있어. 가뜩이나 치과의사도 많아서 어려운데 그놈들이 제 살 깎아먹기 한다고 욕 많이 먹지."

"그래? 패가 어느 정도 갈려? 찬성하는 쪽이랑 반대하는 쪽 말이야."

"패는 무슨. 그놈들은 그냥 치과계의 공공의 적이야. 밥그릇을 제 발로 걷어차는 놈들인데 누가 좋아해."

김재형이 한심한 놈들이라는 표정으로 대답했다.

"협회가 못 막아?"

"지역협회 차원에서 좀 나선 모양인데, 이것들이 가격 담합이라고 막 신고하고 언론에 제보하고 하면서 버티나 봐."

이야기를 듣던 이경수가 미간을 약간 찌푸렸다. 그러고는 술잔을 한참 바라보다 다시 물었다.

"자넨 어때, 걔네들 박살 낼 수 있겠어?"

"아휴, 내가 회장이었으면 그놈들 벌써 다 죽었지. 나 평안구 회장할 때도 우리 지역에는 덤핑 치는 놈이 한 놈도 없었어. 치과의사들이 약해 빠져서 싸울 줄을 몰라. 내가 딱 나서면 다 깨갱하는 건데."

김재형이 특유의 센 척하는 말투로 대답했다.

"바로 그거네."

이경수가 쌍꺼풀 짙은 눈을 크게 뜨며 말했다.

"걔네들 박살 내주겠다고 공약을 내는 거야. 내가 회장이 되면 치과의사들 밥그릇을 축내는 악의 무리를 처단하겠다. 그거 하나만 목숨 걸고 하겠다. 어때?"

김재형은 귀가 솔깃했다. 이경수가 무언가 더 생각이 난 듯 더 큰 목소리로 말을 이었다.

"걔네들 싸게 하는 이유가 뭐야. 하나라도 더 팔아서 돈 많이 벌겠다는 거 아냐. 영리병원이네. 의료를 돈벌이로 삼는 거, 그게 영리병원 아냐? 영리병원 무리를 처단한다는 공약으로 당선된 한국치과협회 회장! 국민들을 영리병원으로부터 지켜낸 의료계의 영웅! 국회의원 공천 꽉! 당선 꽉! 몇 년 해먹다가 보건복지부 장관 꽉!"

이경수는 '꽉'이라는 단어를 말할 때마다 술잔을 한층 높이 치켜들었다. 김재형은 저절로 퍼지는 웃음을 감추지 못했다. 회장, 국회의원, 장관. 꿈같은 단어들이 김재형의 가슴을 쳤다. 심장이 쿵쿵거리는 소리가 귀에까지 들렸다.

치과협회신문

'덤핑치과네트워크 척결' 김재형 협회장 후보, K대 출신 이변 일으키나?

'감옥에 갈 각오로 덤핑치과네트워크 궤멸' 다짐

김재형 후보가 '강한 협회, 행동하는 집행부'를 슬로건으로 내걸고

대규모 출정식을 열었다. 김 후보는 이장석, 박정호, 최지훈 등 세 명의 러닝메이트와 함께 지난달 28일 플라다 호텔에서 200여 명의 내외빈이 참석한 가운데 출정식을 열고 승리를 다짐했다.

이날 행사에는 이경수 전 국회의원을 비롯해 안건수 협회 고문, 김영민 협회 명예회장 등을 비롯해 40여 명의 유관 단체장들이 참석해 자리를 빛내주었다. 특히 현역 국회의원으로 보건복지위에서 활동하고 있는 김양조 의원이 직접 참석해 김재형 후보에 대한 지지연설에 나서 눈길을 끌었다.

김재형 후보는 "덤핑치과네트워크가 쓰나미처럼 전국을 휩쓸며 우리 치과 의료시장의 질서를 무너뜨리고 있다. 더 이상 미룰 수 없는 심각한 문제"라며 "쓰러져가는 치과계를 온몸으로 막겠다는 심정으로 출마를 결심하게 됐다"고 출마의 변을 밝혔다.

이어 "치과의사들의 권위를 심각하게 훼손하고 국민의 건강권을 위협하는 덤핑치과네트워크와의 전면전을 선포한다"며 "특별대책위원회를 조직하겠다. 내가 직접 진두지휘해 집행부의 명운을 걸고 공식, 비공식적 모든 방법을 총동원해 심각한 타격을 입히겠다. 감옥에 갈 각오로 모든 수단을 동원할 것"이라고 다짐했다.

한편 출정식에는 이장석 러닝메이트의 딸인 이현주 첼리스트가 참석해 아버지의 승리를 기원하는 현악 3중주를 선보이기도 했으

며, 뉴필험하모니 오케스트라 금관 앙상블이 실내악을 연주하고,

소프라노 심혜란, 테너 정성원 씨가 성악을 불러 분위기를 돋웠다.

광호는 첫 환자에게 마취주사를 놓고 잠시 기다리기 위해 원장실로 돌아왔다. 아침마다 마시는 커피잔을 들던 광호는 그대로 얼어붙었다. 실장이 책상 위에 가져다놓은 치과협회 신문의 1면 기사 제목 때문이었다. 반투명한 비닐을 아직 뜯지 않은 상태였지만 '덤핑치과네트워크 척결'이라는 큰 글씨가 그대로 비쳐 보였다. 입도 대지 않은 커피잔을 내려놓고 비닐 포장을 뜯어냈다.

덴탈갤러리에서는 동네치과네트워크를 덤핑치과네트워크라고 비아냥대며 불렀지만 그건 어디까지나 온라인에서의 별칭 같은 것이었다. 이렇게 공식적으로 언급된 것은 처음이었다. '덤핑치과네트워크 척결'이 무려 치과협회 회장 후보의 주요 공약이라니, 믿을 수 없었다. 김재형이라는 이름은 협회 신문에서 몇 번 본 적이 있었다. 아마 이름도 복잡한 여러 위원회의 이사들 중 한 명이었던 것 같다. 그런데 김재형의 말처럼 동네치과네트워크가 쓰나미처럼 전국을 휩쓴 적은 없었다. 백 개도 안 되는 일부 치과들이 임플란트를 좀 싸게 한다고 해서 전국 3만 개 가까이 되는 치과들이 큰 영향을 받는

것도 아니었다. 치과 의료시장이 무너진다거나 치과계가 쓰러진다는 것도 엄청난 과장이었다.

'전면전, 진두지휘, 심각한 타격…… 이 양반 무협지 엄청 읽었나 보네. 감옥에 갈 각오는 또 뭐야. 도대체 무슨 짓을 벌이려는 거야.'

광호는 어이없는 내용들에 헛웃음을 쳤지만 김양조 의원의 이름에는 눈길이 멈췄다.

'이분이 도대체 왜 이런 사람을…….'

광호는 치과계 정치에는 큰 관심이 없었지만 국내 정치에는 관심이 많았다. 김양조 의원은 차기 대통령을 배출할 것이 확실시되는 현 야당의 4선 의원이었다. 보건복지 분야에서 주로 활동해온 그는 차기 정권의 보건복지부 장관 후보 1순위로 꼽히는 인물이었다.

그때 내선전화가 울렸다.

"원장님, 4번 방 환자분 마취 다 된 것 같습니다."

'아차.'

5분만 기다린다는 것이 20분이 지났다. 광호는 커피를 마시지 못한 채 서둘러 진료실로 향했다.

파격적인 공약을 화두로 던진 김재형의 인기는 대단했다. '덤핑치과네트워크 척결'이라는 짧은 문구는 덴탈갤러리의 익명 게시판을 점령했다.

　ㄴ 덤핑 치는 놈들 못 잡으면 치과의사는 이제 끝물입니다. 현재
　　임플란트 수입 제외하고 치과 유지되는 원장님들 손들어 보시
　　죠. 저는 김재형 지지합니다.

　ㄴ 그동안 서울대 출신 회장들이 한 게 뭐 있나요? 쪽수만 믿고
　　자기들 정치 놀이만 했지 우리 민초들에게 관심이나 있었습니
　　까?

　ㄴ 덤핑치과 척결이라니 말만 들어도 속이 뻥 뚫리네요. 그것만
　　해준다면 밀린 회비 다 낼 용의 있습니다.

　ㄴ 작년까지 임플란트 200 불러도 환자들 군말 없이 다 했습니
　　다. 며칠 전에 온 환자가 그러더군요. 옆 동네는 150에도 하는
　　데 여기는 너무 비싼 거 아니냐고요. 이제 별 그지 같은 것들
　　이 와서 100에 해달라고 조를 겁니다. 그때 가서 덤핑치과 놈
　　들 원망해도 소용없습니다. 지금 우리 민초들이 원하는 게 뭔
　　지 아는 사람은 김재형 후보밖에 없는 듯요.

　김재형의 다른 공약들도 치과의사들의 마음을 흔들었다.

144

스케일링 보험 적용 저지!

틀니 보험 적용 저지!

정부 보장성 확대 정책 전면 백지화 투쟁!

당시 정부는 스케일링과 틀니 치료를 건강보험 적용 대상에 포함시키려 하고 있었다. 스케일링은 보통 몇 만 원 정도의 가격에 빈도가 높아 병원 수익에 적지 않은 도움을 주는 항목이었다. 틀니 역시 임플란트에 밀리긴 했지만 여전히 치과의 주요 수입원 중 하나였다. 건강보험 적용 대상이 되면 이들의 가격이 절반 이하로 내려갈 것이 분명했기에 치과의사들은 걱정하고 있었다. 또한 보장성 확대란 건강보험 적용 대상을 늘리는 것을 말한다. 임플란트도 언젠가는 건강보험에 포함될 것이라는 게 치과의사들의 막연한 두려움이었다. 김재형은 치과의사들의 가려운 곳을 정확하게 긁었다.

┗ 야당이 다음 정권 잡으면 분명 의사 죽이기 시작될 겁니다. 보험 적용 안 되는 항목이 많은 치과 쪽이 먼저 타깃이 되겠지요. 현재 논의되고 있는 스케일링과 틀니도 모자라서 레진이나 심지어 임플란트까지 보험 적용한다고 들이댈 겁니다. 여러분 예전 참가정부 때 윤국민 장관의 망언 벌써 잊으신 건 아니죠? 의사 월급은 300만 원이면 충분하다고 했던 인간들

입니다. 지금 분위기 봐서는 그쪽 인간들이 정권 잡을 것이 확실합니다. 그래서 정부에 대항할 수 있는 사람을 회장으로 뽑아야 합니다. 선비 같은 기존 노인네들로는 안 됩니다. 제가 알기로 김재형이라는 사람 곤조가 있다고 들었습니다. 야당 쪽에 연줄도 좀 있는 것 같더군요. 출정식에 김양조 의원 참석한 거 보셨습니까? 차기 보건복지부 장관 1순위로 지목되는 사람입니다. 김재형 후보, 치과계의 미래를 위해 뭐가 필요한지도 정확히 알고 있습니다. 저는 강력 지지합니다.

김재형은 협회장 선거가 동창회 선거라는 점도 잊지 않았다. 서울대 동창회 내부의 후보 단일화 경선에서 탈락한 세 사람을 러닝메이트로 데려왔다. 모두 동창회의 주요 간부였고, 그중에서도 마당발로 소문난 사람들이었다. 서울대 표심이 갈라졌다. 경선 불복 아니냐는 서울대 동창회 단일 후보의 외침에는 아무도 관심이 없었다.

지역 협회장들의 지지선언도 이어졌다. 공정위의 현장조사를 당했거나, 기자들의 취재 대상이 되었던 지역 협회장들이었다. 그들은 동네치과네트워크라면 이를 갈았다. 그들이 젊었을 때는 선배들의 말은 곧 하늘이었다. 개원을 할 적에도 그 지역 선배들을 일일이 찾아다니며 개원해도 되는지 허락을 받는 게 관례였다. 하지만 요즘 후배들은 그런 것이 없었다. 네트워크 놈들의 버르장머리를 고쳐놓고 싶었으나 공정위가 나서고 기자들이 들쑤시는 통에 잔뜩 몸을 사리고 있던 터였다.

적수가 없었다. 김재형 후보를 지지하는 글들이 넘쳐났고, 댓글도 줄줄이 달렸다. 광호와 네트워크 회원들은 그저 지켜보는 수밖에 없었다. 도대체 어떻게 하겠다는 것인지는 모르겠으나, 자신들을 '궤멸'하겠다는 이가 한국치과협회의 회장이 되려 하고 있었다. 하지만 이미 지역협회들로부터 당할 만한 일은 다 당해보았다. 수많은 정치인처럼 김재형이라는 인물도 회장이 되고 나면 내뱉었던 약속들에는 관심이 없을 거라 생각하며 불안한 마음을 달랬다.

전쟁

당선 후 첫 이사회였다. 김재형은 넓은 회의실로 들어섰다. 서른 명 가까이 되는 임원들이 아치 모양으로 배열된 책상에 둘러앉아 있었다.

"회장님 오셨습니다."

입구 쪽에 서 있던 협회 사무국 직원이 김재형이 들어오는 것을 발견하고 말했다. 임원들이 일제히 자리에서 일어섰다. 김재형이 천천히 걸어와 한가운데 자리에 앉자 모두 다시 자리에 앉았다.

김재형은 아래턱을 살짝 들고 임원들을 쭉 둘러보았다. 모두 오랫동안 함께 협회 일을 했던 사람들이다. 아무도 본인이 회장이 될 줄은 몰랐을 것이라고 생각하자 묘한 승리감이 밀려왔다. 그동안 협회 일을 아무리 열심히 하고 능력을 인정받아도 협회 권력의 중심 그룹에는 들어갈 수 없었다. 서울대 출신 성골이 아니었기 때문이다. 하지만 이제는 모두 김재형의 아래에 있었다. 회장 자리의 의자는 실제로도 다른 자리보다 눈에 띄게 높았다.

자동으로 부회장이 되는 러닝메이트 3명 말고도 부회장이 10명이나 되었다. 이사는 20명 가까이 되었다. 수십 년 동안 각 동창회별로 한 자리씩, 또 각 지역별로 한 자리씩 나눠주다 보니 조직이 너무 비대해졌다. 무슨무슨 위원회도 20개가 넘었다. 김재형은 임기가 끝나기 전에 최소한 절반은 없애버리겠다고 속으로 다짐했다.

"자, 이제 나머지 소위원회 보고사항들은 서면으로 확인하겠습니다. 이제 본격적인 업무 얘기를 해봅시다."

20개 위원회의 업무보고를 듣는 데만 두 시간이 걸렸다. 김재형은 빨리 본론으로 들어가고 싶었다.

"덤핑치과네트워크 척결 방안 강구하라고 말씀드렸습니다. 준비가 됐습니까?"

두 시간 동안 아무 발언도 하지 않고 있던 젊은 사내가 자리에서 일어났다. 전략기획이사 김정민이었다. 김정민은 '공정사회를 위한 치과의사회'의 주요 인사였다. 김재형은 회장에 당선된 직후 그를 협회의 전략기획이사로 영입했다. 회장을 거쳐 국회의원이 되는 플랜을 제안했던 친구 이경수의 추천이었다. 이경수는 '이 친구 형이 방송국 간부야'라고 귀띔해주었다.

"네트워크의 활동을 제약하기 위한 수단으로 가장 효과적인 것은 재료와 인력의 수급을 차단하는 것입니다."

김정민이 진지한 표정으로 발언을 시작했다.

"어떻게 차단합니까?"

김재형이 물었다.

"재료업체들에게 협조를 요청하면 네트워크 소속 병원에는 납품을 하지 않도록 계도할 수 있을 것입니다."

"그럼 인력 차단은 어떻게 하죠?"

김재형이 표정 변화 없이 다시 물었다.

"현재 치과 보조 인력의 구인은 90퍼센트 이상 치과협회 홈페이지의 구인구직 게시판에서 이루어지고 있습니다. 네트워크 소속 회원들이 이 게시판을 이용하지 못하도록 사용권한을 제한하면 구인활동에 심각한 제약이 있을 것으로 생각됩니다."

"그렇게 두 가지 작전밖에 없습니까?"

김재형은 속으로 기가 막히다고 생각했지만 대수롭지 않

다는 표정을 유지했다.

"재료 수급 차단과 같은 맥락으로 기공소 거래를 차단하는 방법도 고려할 수 있습니다. 치기공협회에 요청하면 가능할 것으로 생각됩니다."

"좋네요. 바로 그렇게 진행하도록 하죠."

김재형이 흔쾌히 지시했다. 그런데 김정민이 잠시 머뭇거리다 발언을 이어갔다.

"그런데 문제가 있습니다. 보고드린 방법들은 형법상 업무방해죄에 해당될 소지가 있습니다. 실제로 지역협회들이 덤핑치과네트워크 회원들을 비슷한 방법으로 계도하다가 공정위에서 조사를 받은 사례들이 있습니다."

김재형은 몇 년 전 치과의사들 사이에서 잠시 화제가 되었던 뉴스를 떠올렸다. 그리고 크게 코웃음을 쳤다. 책상 위의 서류만 내려다보고 있던 임원들이 일제히 고개를 돌려 김재형을 쳐다보았다.

"그래서 처벌 받았습니까?"

"실제 처벌 받은 사례는 없습니다. 조사 단계에서 대부분 마무리된 것으로 알고 있습니다."

김정민이 약간 작아진 목소리로 대답했다. 잠시 김정민을 가만히 바라보던 김재형이 자리에서 벌떡 일어났다.

"제 슬로건 기억하십니까? '강한 협회, 행동하는 집행부'입니다. 이래서 안 되고 저래서 안 되면 그냥 가만히 임기 보내면 되겠네요. 그렇게 할까요?"

침묵이 이어졌다.

"네트워크 놈들, 반드시 궤멸시켜야 합니다. 얌전하고 안전한 방법으로는 안 됩니다. 감옥 갈 각오로 한다는 제 말 다들 기억하십니까? 전쟁에서 안전한 공격이라는 것은 없습니다. 불법이요? 검사, 판사, 다 여러분 동기들 아닙니까?"

김재형이 눈에 띄게 한쪽으로 모여 앉은 서울대 출신 임원들을 돌아보며 말했다.

"비협조적인 분들은 자리 내놓을 각오하십시오. 김정민 이사, 네트워크척결특별위원회 구성하세요. 김 이사가 위원장입니다. 오늘 보고한 것들, 구체적인 로드맵 작성해서 곧바로 실행에 들어가세요."

김정민은 대답 없이 고개를 숙여 인사하고 자리에 앉았다.

한 달 후 성북동의 고급 한정식 집에 치과계의 큰손들이 전부 모였다. 김재형 회장이 상석에 앉았다. 바로 옆자리에는 국내 최대 임플란트 제조사 세명임플란트의 최삼섭 대표가 앉았다. 나머지 참석자들 모두 국내 유명 치과기자재업체의 대표였다. 김재형이 당선되고 나서 처음 갖는 업체 간담회 자리였다. 대표들은 김재형에게 연신 굽신거렸다.

"협회가 덤핑치과네트워크와 전쟁에 나선 것, 업계에서도 잘 알고 있으리라고 생각합니다. 여기 모인 대표님들께서 지원사격을 해주셔야 제가 전투에서 승리할 수가 있습니다. 김이사, 발표하세요."

김재형의 발언이 끝나자 김정민이 자리에서 일어났다.

"이번에 협회 주관으로 '클린업체 캠페인'을 대대적으로 벌이기로 했습니다. 클린업체에 선정되면 협회가 클린업체 인증서를 발부합니다. 그리고 인증 받은 업체의 명단을 전체 회원에게 공지할 것입니다. 협회는 회원들이 인증업체들을 적극적으로 이용할 수 있도록 독려할 계획입니다. 클린업체 선정 기준을 말씀드리겠습니다. 첫째로 클린업체 선정위원회에서 제품의 품질을……."

"덤핑치과네트워크에 납품을 하지 않겠다는 공식선언을 하셔야 합니다."

김정민의 말을 끊고 김재형이 나섰다.

"그거 하나만 보겠습니다. 품질 관리야 다들 세계적인 수준이니까 볼 것도 없습니다. '우리 회사는 치과계 질서를 어지럽히는 덤핑치과네트워크에는 납품하지 않는다.' 이런 공식입장만 발표해주십시오. 아, 그리고 앞으로 우리 협회가 하는 모든 사업에는 클린업체 인증을 받은 업체만 참여할 수 있습니다. 여기 계신 분들은 당연히 다 인증 받을 거니까 별 상관

없지 않겠어요? 하하하."

김재형의 호탕한 웃음에 모두가 어색하게 따라 웃으며 잔을 들었다.

이때 가장 구석 자리에 앉은 메디임플란트 송명수 대표는 주머니 속의 녹음기가 신경 쓰였다. 재작년 억울한 일을 당한 이후로 중요한 자리에는 반드시 녹음기를 지니고 다녔다. 그때 삭발했던 머리는 이제 덥수룩하게 자랐지만 마음속의 억울함은 아직 가시지 않았다. 송명수는 주머니 밖에서 급히 버튼을 누른 터라 녹음기가 잘 켜졌을지 걱정하며 잔을 따라 들었다.

며칠이 지나 치과협회 근처 갈비탕 집에서 또 다른 간담회가 열렸다. 이번 간담회는 조촐했다. 김재형 회장이 상석에 앉은 구석방에는 한국치기공협회 회장단이 자리했다. 간담회는 갈비탕 한 그릇씩을 비우고 한 시간 만에 끝났다. 심지어 김재형은 국회의원과의 미팅이 있다며 먼저 자리를 떴다.

"허 참, 치과의사 놈들 우리 무시한 게 하루 이틀이 아니지만 저렇게 안하무인인 놈은 처음이네."

착 가라앉은 공기 속에서 치기공협회장이 먼저 입을 뗐다.

"그러게요. 듣던 대로 대단하네요. 성질이 장난 아니라더만. 예전에 운전하다 다른 차량 시비가 붙었는데, 트렁크에 있던 골프채로 그 차 유리를 다 박살 낸 적도 있대요."

몇 살 아래의 부회장이 예전에 들었던 소문에 조금 살을 붙여 말했다.

"이야, 대단한 양반이구만. 생긴 거 보면 그러고도 남게 생겼어."

회장이 고개를 절레절레 흔들었다.

"근데 회장님, 이거 시키는 대로 해야 됩니까? 이런 거 나중에 문제되지 않을까요?"

또 다른 부회장이 걱정스럽게 물었다.

"뭐, 별 수 있겠어. 우리는 치과의사들의 영원한 을인데. 다음 달에 기공수가 협상도 있잖아. 저 양반 하는 거 보니까 말 안 들었다가는 우리도 그냥 나가리 될 거 같은데. 나중에 문제되면 어쩔 수 없이 시키는 대로 했다고 해야지."

다음 날 전국의 치기공사들에게 치기공협회가 보낸 단체 문자메시지가 도착했다.

> 협회에서 알려드립니다. 덤핑치과네트워크에 소속된 치과들의 기공물 의뢰는 상거래 질서에 위배되오니 거절하시기 바랍니다. 주요 공지사항이므로 회원님들 모두 숙지해주시기를 부탁드립니다.

또한 협회는 치과계 질서를 문란하게 하는 덤핑치과네트워크에 대하여 한국치과협회와 공조하여 강력히 대처할 것임을 알려드립니다. 감사합니다.

파리

치과협회신문

'덤핑치과네크워크에 납품 No! 클린 선언 이어져'

치과협회 '클린업체 캠페인' 출범식, 성황리에 열려

세명임플란트와 흥신을 비롯한 국내 주요 기자재업체 10여 곳이 덤핑치과네트워크에 납품을 하지 않기로 선언했다.

지난달 26일, 한국치과협회는 코엑스에서 열리는 CIDEX 201x 전시회장에서 '클린업체 캠페인' 출범식을 거행하고 10여 개에 달하는 참여업체 명단을 공개했다.

또 3일 간의 전시회 기간 동안 덤핑치과네트워크에 납품하고 있는 업체들의 명단을 공개하고 이들의 즉각적인 납품 중단을 촉구하는 불매운동 서명을 전개해 총 3,400여 명의 서명을 받았다.

이번 캠페인에 동참을 선언한 세명임플란트의 최삼섭 대표는 "당사는 치과시장 질서를 혼란케 하는 덤핑치과네트워크에는 제품을 판매하지 않기로 했다"고 밝히며 "당사는 선량한 치과의사들에게 불이익이 발생하지 않도록 형평성 있는 판매정책을 이어가겠다"고 선언했다.

(생략)

광호는 기사를 보며 한숨을 쉬었다. 김재형 회장이 클린업체 캠페인을 시작했다는 소식은 이미 몇 달 전에 접했다. 선거에서 이기기 위한 자극적인 공약에 불과하기를 기대했지만, 김재형은 예상과 달리 언행일치하는 인물이었다. 가는 곳마다 '덤핑치과네트워크 척결'을 외쳤다. 치과계의 모든 언론은 김재형의 네트워크 척결 노력이 얼마나 대단한지를 전하는 내용으로 뒤덮였다. 그야말로 '전시'였고, 그는 '야전사령관'이었다.

광호가 담당하고 있던 재료 공동구매는 더 이상 진행할 수 없었다. 김재형이 동네치과네트워크와 거래하는 업체들의 명단을 공개했고, 납품을 중단하지 않으면 불매운동을 하겠다는 서명운동을 벌였기 때문이었다. 어렵게 통화가 연결된 영업사원이 쩔쩔매며 어쩔 줄을 몰라 했다. 광호와의 공동구매로 높은 실적을 올려 최근 과장으로 승진한 친구였다.

"원장님, 정말 죄송해요. 원장님 덕분에 제가 과장도 됐는데…… 하…… 정말 죄송합니다. 저 때문에 회사가 협회에 찍혔다고 지금 제가 역적이 됐어요. 기존에 거래하던 치과들이 거래 끊는다고 회사에 전화 오고 난리가 났어요. 지금 제가 다 책임지게 생겼어요. 정말 죄송합니다. 원장님한테는 제가 정말 감사한데요. 거래 끊겠다는 치과들, 제가 다 찾아다니면서 지금 빌고 있어요. 정말 죄송해요, 원장님. 정말 죄송합니다."

어떻게든 어르고 달래서 납품을 해달라고 요청할 생각으로 건 전화였다. 하지만 광호는 아무 말도 할 수 없었다. 다른 업체의 영업사원들도 더 이상 광호의 전화를 받지 않았다. 이미 네트워크 회원들의 명단이 업체들에게 배포되어 있었다.

기공사들도 네트워크 회원들과의 거래를 일방적으로 중단했다. 광호와 거래하던 기공소 소장은 그나마 직접 병원에 찾아와 양해를 구했다.

"원장님, 죄송합니다. 저희는 파리 목숨이라 치과협회에 찍히면 문 닫아야 해요. 원장님이 좀 이해를 해주십시오."

소장은 치기공협회에서 온 단체 문자메시지를 보여주었다. '상거래 질서에 위배'된다는 메시지 내용에 기가 막혔지만 소장에게는 아무 말도 할 수 없었다. 소장에게 부탁해 문자메시지가 찍힌 화면을 촬영했다. 광호는 영업방해를 이렇게 대놓고 하는 마당에 증거를 수집하는 게 무슨 소용이 있을까 생각했다. 공정위가 여러 지역협회를 조사한 지는 이미 몇 년이 지났지만 단 한 곳도 처벌 받았다는 소식을 듣지 못했다.

오류

"또 일주일 뒤로 미룬다고요? 아니, 우리 남편은 회사 근처에서 저보다 늦게 수술했는데도 벌써 이빨까지 다 씌웠다는데, 왜 저는 또 한 달을 기다려요? 아, 진짜 이상한 병원이야. 저 그냥 다른 데 가서 할게요. 환불해주세요."

데스크에서 큰 소리로 항의하는 어머님 환자의 목소리가 다른 환자를 진료하고 있던 광호의 귀에까지 들렸다. 광호 앞에서 입을 벌리고 있는 환자의 귀에도 또렷이 들렸을 것이다.

"사람마다 뼈가 굳는 속도가 달라서 기다리는 시간이 좀 긴 환자분들도 있거든요. 저 분은 좀 속도가 더딘 분이라······."

묻지도 않은 질문에 지레 변명을 했다. 자격지심이다. 그리고 거짓말이다. 어머님 환자의 임플란트는 진작에 뼈와 잘 붙었다. 그 다음 과정을 진행할 재료가 바닥이 났다. 환자들에게 재료가 없어 진료를 못한다고는 차마 말할 수가 없었다. 거짓말은 고통스러웠다.

환자들의 진료 예약을 조금씩 뒤로 미뤄야 했다. 새로운 수술 예약을 잡을 수도 없었다. 진료비를 환불하는 환자가 하나둘 늘어났다. 필요한 재료가 없고, 기공물이 만들어지지 않았으니 환자가 병원에 와도 약속된 진료를 할 수 없었다. 환자들은 화를 냈고 하루에도 몇 번씩 머리를 숙여야 했다. 인터넷 치과 재료 쇼핑몰이나 작은 대리점 등을 통해 재료를 구할 수는 있었지만 네트워크 회원들 모두에게 돌아가기에는 부족했다. 기공물은 치기공협회의 영향이 그다지 미치지 않는 먼 지방의 기공소에 의뢰했다. 택배로 석고 모델을 보내고 다시 완성된 기공물을 택배로 받으니 기간은 두 배가 넘게 걸렸다. 기공물에 오류가 있어 다시 만들기라도 하면 금니 하나 만드는 데 2주가 걸렸다. 평소엔 사흘이면 충분하던 일이었다.

직원들도 모든 상황을 알고 있었다. 김재형이 치과계 전체를 쥐고 흔들었기에 직원들도 나름 소식을 듣고 있었다. 분위기도 뒤숭숭한데 환자들의 항의까지 늘어나니 하나둘 그만

두기 시작했다. 붙잡고 싶었지만 한두 마디 꺼내볼 뿐이었다. 환자들은 불만이 있어도 원장에게는 그다지 싫은 소리를 하지 않는다. 대신 직원들에게 감정을 쏟아낸다. 광호는 자신이 들어야 할 싫은 소리를 대신 듣고 참아내는 직원들의 얼굴을 보는 것이 미안했다. 차마 더 견뎌달라고 부탁할 수 없었다.

광호는 구인광고를 내기 위해 치과협회 홈페이지에 접속했다. 구인구직 게시판을 클릭하자 평소와 다른 팝업창이 떴다.

'오류 : 접근 권한 없음.'

몇 번을 다시 접속해도 같은 팝업이 떴다. 메시지 함에 새로 온 메시지를 뜻하는 빨간 'N'자 표시가 있었다. 협회 홈페이지에서 메시지를 받아본 것은 처음이었다.

수신 : 덤핑치과네트워크 소속 회원

발신 : 한국치과협회 정보통신위원회

안녕하십니까, 회원 여러분의 건강과 운영하시는 치과의 건승을 기원합니다.

협회에서는 최근 회원들의 거센 항의에 따라 이사회 긴급 서면결의를 통하여 대회원 정서 및 치과계에 미치는 영향 등을 고려하여 귀 네트워크 소속 치과 ID들에 대해서는 협회 홈페이지의 구인구직 게시판 이용 권한을 제한하기로 결정하였습니다.

치과계의 질서를 어지럽히는 불량 회원에 대한 부득이한 조치임을 회원 여러분께서 양해해주시기 바랍니다.

구인구직 게시판을 이용할 수 없다는 협회의 공지 메시지였다. 치과계는 좁아서 대부분의 구인활동이 이 게시판에서 이루어졌다. 이제 어디서 직원을 구해야 할지 막막했다. 어쩔 수 없이 벼룩시장 같은 생활 정보지에 구인광고를 실었다. 무자격자들의 이력서만 잔뜩 왔다. 평소 일곱 명 정도이던 직원이 세 명으로 줄었다. 혼자 진료하는 시간이 길어졌다. 타액을 흡입하는 석션기의 플라스틱 팁을 갈고리 모양으로 꺾어 환자의 입꼬리에 걸어놓고 진료해야 했다. 기구를 가져다줄 직원이 없으니 필요한 기구를 모조리 옆에 가져다놓고 진료를 시작했다. 진료 중에 수시로 광호 자신의 머리가 라이트 불빛을 가렸다. '라이트'라고 외쳤다가 아무도 없음을 깨닫고 직접 불빛을 조절했다. 직원들이 얼마나 많은 일을 하고 있었는지 비로소 느꼈다. 진료시간이 평소보다 두 배로 길어졌다. 꼼꼼히 진료해주는 것 같다며 좋아하는 환자들도 있었지만, 입을 오래 벌리고 있어 턱이 아프다고 항의하는 환자들이 더 많았다. 가뜩이나 거북목이 심하던 차에 퇴근 후에는 팔까지 조금씩 저려왔다. 목 디스크의 초기 증상이었다.

이대로는 더 버틸 수 없었다. 광호는 네트워크 회원들과 공동으로 치과계 신문에 구인광고를 내보기로 했다. 하지만 치과협회의 눈치를 보는 치과계 신문사들은 광고를 받아주기를 꺼려 했다. 치과계의 각종 세미나와 제품에 대한 광고를 주로 싣는 '세미나블로그'만 광고를 받아주기로 했다. 대신 크기는 작았다. 신용카드만 한 크기의 구인광고를 공동의 이름으로 냈다. 이력서가 좀 들어왔지만 효과가 그리 신통치는 않았다.

나비의 날갯짓이 태풍이 된다고 했던가. 이 구인광고 때문에 그런 일이 생길 거라고는 전혀 예상하지 못했다.

내통

"세미나블로그가 네트워크 쪽 구인광고를 실어준 것에 대해서 이미 서울지부와 경기지부는 구독 거부 조치에 들어갔습니다. 협회 차원에서는 어떻게 대응하는 게 좋겠습니까?"

언론 쪽을 담당하는 홍보위원회 이사가 말했다.

"세미나블로그가 광고에 대해서 사전에 협회 쪽과 상의를 하지도 않았고, 그 이후에 회원들의 항의에 대해서도 별 문제가 없다는 식의 태도로 일관했습니다. 협회도 구독 거부 정도는 액션을 취해야 하지 않겠습니까?"

후보단 시절 대변인 역할을 했던 이장석 부회장의 의견이었다.

"그 정도로 되겠습니까?

이장석의 말이 미처 끝나기도 전에 김재형이 자르고 나섰다.

서울대 치과대학 총동창회 명예고문인 이장석은 후보 단일화 경선에서 2위로 탈락했다. 경선에서 탈락하면 1위 후보의 러닝메이트가 되는 것이 오랜 관행이었다. 하지만 그는 다른 대학 후보인 김재형의 러닝메이트가 되었다. 경선 과정에서 자신에 대한 험담을 퍼뜨린 1위 후보를 돕고 싶지 않았기 때문이었다. 그는 김재형보다 열 살이나 위였다. 이장석에게 러닝메이트 자리를 제안할 때만 해도 김재형은 아주 깍듯했다. 그러나 후보단 출정식을 한 후로는 이장석을 시종일관 아랫사람 대하듯 했다. 이장석은 그때마다 속이 부글부글했지만 경선 불복이라는 돌아올 수 없는 다리를 건넌 처지라 달리 어쩔 도리가 없었다.

이장석의 말을 잘라 먹은 김재형이 말을 이었다.

"지금 우리는 전쟁 중입니다. 지금 협회장이 직접 장수가 되어 전쟁터에 나가 있는데, 일개 신문사가 적군의 수장과 내통을 했습니다. 이게 말이 되는 상황입니까?"

김재형은 비유가 너무나 적절했다고 속으로 감탄하며 말을 이었다.

"이런 사례를 가볍게 처리하면 안 됩니다. 본보기를 확실히 보여줘야 됩니다. 김 이사?"

"네, 회장님."

아무 말이 없던 김정민 이사가 대답했다.

"이번 건은 네트워크척결특별위원회가 주도해서 처리하세요. 치과협회, 치기공협회, 치위생협회, 치과기자재협회, 11개 치과대학, 각종 학회 등 모든 치과계 유관 단체들에 공문 발송하세요. 내일부터 세미나블로그는 모든 단체들 행사에 대해서 출입과 취재를 금지합니다. 보도자료 발송할 때도 세미나블로그는 배제하세요. 모든 치과의사는 세미나블로그의 인터뷰를 거부한다고 성명서 발표하세요. 그리고 업체들도 세미나블로그에 광고하지 않도록 공문 발송하세요."

"네, 알겠습니다. 공개 사과를 요구하는 것도 좋을 것 같습니다."

김재형이 그 생각은 못했다는 표정으로 김정민을 바라봤다.

"그거 좋네요. 공개 사과문 지면에 싣도록 하세요."

"그럼 조치는 공개 사과문을 게제하고 나서 한 달 정도로 유지하면 되겠습니까?"

김재형이 특유의 코웃음을 쳤다.

"전쟁 중에 병사가 적군과 내통하면 어떻게 되는지 압니까, 김 이사?"

김정민은 대답 없이 김재형을 바라보고 있었다.

"지휘관이 직접 목을 칩니다."

김재형은 자신의 말에 스스로 카타르시스를 느꼈다. 그리고 잠시 여운을 즐긴 후 말을 이었다.

"본보기를 보여야 해요. 이번 조치는 영구적입니다."

한 달 후에 세미나블로그의 대표는 광고가 끊겨 텅 빈 지면에 공개 사과문을 실었다.

덤핑치과네트워크에 고통당하고 계신 개원가의 치과의사 여러분과 한국치과협회에 드리는 사과의 말씀

(생략)

치과계의 전반적인 정서가 그릇된 상술로 혼란을 야기하는 일부 치과들에 대해 강한 반감을 갖고 있는 상황에서 본지는 해당 치과들의 구인광고를 개제하여 개원가의 정서를 격앙시키는 물의를 일으켰다.

(생략)

세미나블로그 대표 김영선

대개는 국가 권력조차도 감시자의 역할을 하는 언론의 눈치를 보게 마련이다. 그러나 치과계는 조금 다른 세상이었다. 치과계는 매우 좁고, 치과의사들의 이해관계는 대부분 일치했다. 한국치과협회는 그런 치과계에서 무소불위의 슈퍼갑의 지위를 누리고 있었다. 치과의사들이 독자이자, 광고주이자, 취재 대상인 치과계 신문이 협회의 뜻을 헤아리지 못한 결과는 처참했다. 광고가 지면의 절반 이상을 차지하던 세미나블로그는 텅 빈 지면을 무의미한 기사로 채우다 1년을 더 버티지 못하고 결국 폐간했다. 세미나블로그의 폐간 소식을 접한 광호는 너무 미안했다. 자신 때문에 여러 사람의 일터가 사라졌다. 무슨 말이라도 전해야 할 것 같았다. 한참을 망설이다 몇 번 통화한 적이 있는 광고 담당자에게 전화를 걸었다. 하지만 더 이상 존재하지 않는 번호였다.

판

"광호야, 이번에는 우리 로펌에 정식으로 사건 의뢰를 해줘."

민망한 표정으로 자초지종을 늘어놓던 광호에게 홍재가 제안했다.

"아, 내가 너무 공짜로 신세만 졌지? 그렇잖아도 내가 너무 민폐 아닌가 생각하긴 했었는데……."

세 번째 만남이었다. 광호는 변호사와 상담을 하는 데만도 돈이 꽤 든다는 것을 알고 있었다. 앞선 두 번의 무료 상담은 친구의 조언인 셈 쳤다지만 세 번째 만남을 약속하고서는 미안한 기분이 들던 차였다.

"하하. 아니야, 이 자식아. 그런 말이 아니라, 나 이 사건 맡아보고 싶어. 재밌어. 요즘 갑질이 트렌드잖아?"

"갑질?"

홍재의 말이 맞았다. 대형 항공사 오너 일가의 갑질로 온 나라가 시끄러웠다. 갑질을 참지 못한 스튜어디스들은 가면을 쓰고 거리로 쏟아져 나왔다.

"게다가 이건 '블랙리스트' 사건이야."

지난 겨울 천만 명이 넘는 국민들이 촛불을 들고 거리로 나섰고, 대통령이 탄핵되었다. 탄핵당한 대통령과 공범들은 이루 말할 수 없는 불법을 저질렀지만, 그중에서도 블랙리스트 사건은 충격적이었다. 그들은 정치적으로 반대의 입장을 가진 이들이라면 분야를 가리지 않고 블랙리스트에 올렸다. 그러고는 세무조사를 하고, 정부의 지원에서 배제시키고, 일감을 끊는 등 온갖 비열한 수단들을 동원해 블랙리스트에 오른 이들의 생계를 위협했다. 광호와 동네치과네트워크 회원들의 처지도 블랙리스트 피해자들과 다르지 않았다.

"갑질을 이렇게 대놓고 하는 데는 처음 봤어. 신문기사에 문자에 이메일까지 정황은 충분히 넘쳐. 해볼 만해. '값싼 진료를 제공하는 치과의사들을 블랙리스트에 올려놓고 우월한 지위를 이용한 갑질로 괴롭혀온 치과협회! 목적은 임플란트 가격 담합! 그들에게 철퇴를 든 새 정권의 공정거래위원장!'

어때? 그럼 괜찮지?"

언제나 자신감 넘치는 홍재의 눈빛은 매력적이었다.

"그런데…… 비싸냐?"

"비싸지 그럼. 내가 얼마나 잘나가는 변호산데, 하하하. 너네 원장님들 한 백 명 되지 않나? 꽤 비싸긴 한데, 갹출하면할 만할 거야."

회원들과 상의해야 했기에 광호는 쉽게 답할 수 없었다.

"그런데 말이야. 결정적인 한 방이 없어. 모든 일을 회장이 직접 지시했다는 확실한 물증이 있으면 게임 끝인데. 뭐 좀 없을까……."

이제 의뢰인님이시라며 굳이 법인카드로 밥값을 결제한 홍재가 광호를 배웅하며 아쉬움을 남겼다.

"협회 쪽에서는 강앤박을 선임했더라. 제대로 한 판 붙겠는 데?"

두어 달이 지났다. 또 밤을 샌 모양인지 홍재가 새벽부터 광호에게 전화를 했다. 협회가 수임료 비싸기로 유명한 강앤박을 선임한 것은 공정위 제소 건에 대해서 '긴장했다'는 신호라는 게 홍재의 설명이었다. 쉽지 않은 싸움이 될 것 같다며 걱정했지만, 홍재의 목소리는 오히려 신이 나 있었다.

광호와 회원들은 한국치과협회를 공정위에 제소하기로 결정했다. 김재형이 주도하는 협회의 괴롭힘이 너무나 집요해서 더 이상 버텨내기 힘들다고 판단했기 때문이었다. 광호가 홍재의 제안을 설명했고 회원들은 홍재의 로펌에 사건을 위임하는 데 동의했다. 광호가 의뢰인 대표가 되어 계약서에 사인을 했다.

광호와 회원들이 십시일반해서 모은 수임료를 입금하자 변호사들은 곧바로 일을 시작했다. 협회가 네트워크 회원들의 재료 수급을 차단한 정황이 담긴 기사들, 협회의 압박 때문에 거래를 끊을 수밖에 없었다고 말하는 영업사원들과의 통화 녹취록, 치기공협회가 소속 회원들에게 발송한 문자메시지, 구인구직 게시판 접근 차단을 알리는 이메일, 세미나블로그 대표가 지면에 실은 공개 사과문, 그리고 과거 네트워크 회원들이 지역협회들로부터 당했던 일들이 보기 좋게 정리됐다. 이 모든 일들이 임플란트 가격 담합에 따르지 않은 것에 대한 보복 행위였다는 논리가 복잡한 법률용어로 정리되었다. 최종적으로 공정위에 제출된 제소문에는 '블랙리스트'와 '갑질'이라는 단어가 반복적으로 강조되었다.

광호가 협회를 공정위에 제소했다는 소식이 알려지자 협회도 발 빠르게 움직였다. 김재형은 각종 자료들을 폐기하고 협회 사무실의 모든 컴퓨터를 교체하도록 지시했다. 그리고 대한민국에서 가장 비싼 변호사들을 선임했다. 광호는 불안했지만 홍재는 자신이 맡은 사건의 판이 커지는 것이 마냥 신나는 모양이었다.

실탄

치과협회신문

치협, 덤핑치과네트워크 척결 전면전 '실탄 모아달라'

김재형 회장, '항공모함이 뜨려면 기름 많이 들어. 실탄 필요'

한국치과협회가 덤핑치과네트워크와의 전면전을 본격화한 가운데 김재형 회장이 투쟁성금 모금에 나섰다. 협회가 전국 회원들에게 요청한 금액은 1인당 10만 원 이상이다. 협회는 지난 11차 지부장회의에서 이 같은 내용을 골자로 하는 안건을 통과시켰다.

김재형 회장은 "적들이 협회를 공정위에 제소했다. 협회는 당연히 떳떳하게 조사에 임한다는 입장이지만 방어를 위해서는 법률비용이 필요하다. 하지만 빠듯한 협회 예산으로는 부족하다. 장수한 명의 힘으로는 역부족이다. 협회라는 항공모함이 움직이기 위해서는 거대한 기름 탱크가 필요하다"라며 "치과계의 존폐가 걸려 있는 덤핑치과네트워크와의 전쟁에 실탄을 모아달라"고 지부장들을 설득했다.

(생략)

덴탈투모로우

수변지부 성금 모금 가결, "빠른 시일 내 협회 전달"

한국치과협회가 진행 중인 성금 모금운동에 수변광역시치과협회 임원들이 모두 발 벗고 나섰다. 지난 5일 수변광역시치과협회회관에서 구, 군 회장, 총무 연석회의를 개최한 수변지부는 덤핑치과네트워크 척결을 위한 투쟁의 자발적 성금(회원 1인당 10만 원 이상) 모금운동을 만장일치로 가결했다고 밝혔다.

박욱 수변지부 회장은 "수변 지역은 덤핑치과로 인한 피해가 크다. 이들과의 전면전을 선포한 협회를 돕기 위해 자발적 성금 모금운동에 동참한다"고 설명했다.

(생략)

덴탈포켓츠

세명임플란트 최삼섬 대표, 덤핑치과 척결에 1억 쾌척

한국치과협회가 덤핑치과네트워크 척결을 위한 전 회원 10만 원 모금운동에 나선 가운데 치과기자재업체들도 협회의 '실탄' 보급에 나섰다. 국내 최대 치과기자재업체인 세명임플란트(대표 최삼섬) 임직원들은 총 1억 원의 성금을 모아 회사 명의로 협회에 기부하기로 결정하고, 다음 주 협회회관에서 전달식을 갖는다.

(생략)

'도대체 이 사람은 평소에 무슨 생각을 하고 사는 걸까?'

광호가 병원으로 배달된 치과계 신문들을 살펴보며 생각했다. 김재형은 발언마다 실탄, 항공모함, 전면전 같은 전쟁용어들을 사용했다. 무협소설 마니아인 줄만 알았더니, 전쟁영화도 즐겨보는 모양이었다.

김재형은 돈을 모으기 위해 혈안이 되어 있었다. 2만 명이 넘는 치과의사들에게서 10만 원씩을 모으면 20억 원이 넘는다. 게다가 업체들에게서도 거액을 모금하고 있었다. 공정위 제소 건에 대응하기 위한 법률 비용이라는 명분을 댔지만, 그렇게까지 많은 돈이 왜 필요한지 이해할 수 없었다.

어느 날 기사로만 전해지던 성금 모금의 열기가 광호에게까지 실제로 전해졌다.

"원장님, 옆 치과에서 이런 걸 갖고 왔어요."

실장이 검은 가죽으로 된 결재용 서류철을 가지고 왔다. '회람'이라고 적힌 포스트잇이 붙어 있었다. 펼쳐보니 지역협회의 공문이었다.

수신 : 창주시치과협회 회원

발신 : 창주시치과협회 이사회

우리 협회는 한국치과협회의 결정사항인 '전 회원 10만 원 성금 모금운동'에 동참하기로 의결한 바, 첨부된 봉투에 현금 10만 원 (이상)을 넣은 후 아래의 표에 '치과명/대표원장명/금액'을 표기한 다음 비고란에 서명해주시기 바랍니다. 성금 모금에 불참하는 회원은 불참 금액란에 불참하는 이유를 반드시 적어주셔야 합니다.

광호는 기가 막혔다. 이름과 금액을 다 적으라는 것은 모금이 아니라 수금이나 마찬가지였다. 요즘 같은 시대에 굳이 현금으로만 받겠다는 것도 이상했다. 게다가 돈을 내지 않으려면 이유까지 적어야 했다. 가장 기가 막히는 건 광호의 병원에까지 이 회람을 돌렸다는 사실이었다. 장민구의 친구인 옆치과 원장이 광호가 동네치과네트워크 회원임을 모를 리가 없있다. 덴털갤러리에서는 이미 일개 회원 정도가 아닌 우두머리로 유명세를 탄 광호였다. 아마도 조롱하려는 마음이었을 것이다. 광호는 어떻게 할까를 한참 고민하다 10만 원을 봉투에 넣고 서명도 했다. 그리고 회람 내용을 모두 복사해 며칠 후 공정위 심의에 참석할 홍재에게 보냈다.

성금 모금에는 전국 대부분의 치과의사들이 참여했다. 세명임플란트가 협회에 1억 원을 쾌척하자 다른 업체들도 경쟁적으로 성금 모금에 참여했다. 김재형은 한 달 만에 50억 원을 모았다. 모금은 현금으로 이루어졌다. 성금 모금을 위한 공식 계좌는 존재하지도 않았다.

0대1

"자, 이번에는 신고자 측에서 피심인 측에 질문하겠습니까?"

세 명의 위원 중 가운데 앉은 의장이 홍재를 향해 물었다.

"네, 질문하겠습니다. 피심인 측 진술자 김정민은 한국치과협회의 어떤 직책을 맡고 있습니까?"

홍재가 질문을 시작했다.

"전략기획이사입니다."

김정민이 무표정한 얼굴로 대답했다.

"제가 알기로는 네트워크척결특별위원회 위원장으로 알고 있는데, 맞습니까?"

"협회에 그런 위원회는 없습니다."

"여기 치과협회신문 기사들에 보면 네트워크척결특별위원회 위원장 김정민이라는 문구가 여러 번 등장합니다. 그런데도 아닙니까?"

홍재가 출력된 기사들을 보여주며 다시 물었다.

"공식 위원회가 아닙니다. 여기 한국치과의사협회 조직도를 제출하겠습니다."

김정민이 한국치과의사협회의 조직도를 제출했다.

"덤핑치과네트워크 척결은 무슨 뜻입니까?"

"의료영리화를 막으려는 협회의 정책입니다."

"의료영리화요? 영업방해 하는 것이 의료영리화 막는 것과 무슨 관계가 있죠?"

의외의 답변이었다. 홍재는 당황한 기색을 숨기려 애쓰며 되물었다.

"의장님, 덤핑치과들은 저질 재료를 사용합니다. 그들은 원가 이하로 가격을 책정하고 있기 때문에 정상적인 재료를 사용할 수가 없습니다. 비정상적인 가격으로 환자들을 유인해서 막대한 수입을 올리고 있습니다. 영리 추구에 눈이 먼 영리병원의 전형적인 형태입니다. 그리고 다시 한 번 말씀드리지만, 협회는 영업방해를 한 적이 없습니다."

질문은 홍재가 했지만 김정민은 의장을 바라보며 대답했

다. 홍재는 전혀 예상치 못한 답변에 말문이 막혔다. 잠시 생각을 정리한 후 다시 질문에 나섰다.

"저질 재료를 사용한다는 주장은 근거가 있습니까?"

"정상적인 재료를 사용해서 그 가격을 유지할 수 없다는 것은 치과의사들이라면 다 알고 있습니다."

"추측에 불과하군요. 그리고 피해자들의 병원을 영리병원이라고 말하는 근거를 설명해주시죠."

김정민이 잠시 홍재를 쳐다봤다. 잠깐의 찰나에 김정민의 입가에 비웃음이 스쳤다.

"선량한 치과의사들은 의료를 돈벌이로 생각하지 않습니다. 동네 치과들은 모두 비영리병원입니다. 하지만 덤핑치과들은 영리를 추구하는 영리병원입니다. 그들은 의료를 돈벌이의 수단으로만 생각합니다. 박리다매를 통해 이익을 극대화하려는 의료영리화 세력입니다. 협회는 이들로부터 국민들의 구강건강을 지킬 의무가 있습니다. 덤핑치과네트워크 척결운동은 그런 영리병원들을 반대하는 캠페인일 뿐이지 영업방해 행위는 전혀 없었습니다. 재료 납품 중단은 협회 정책에 공감한 업체들이 자발적으로 한 것으로 알고 있고, 치기공협회의 방침도 일반 치과의사들의 여론을 의식해서 자체적으로 결정한 사항입니다. 구인구직 게시판 차단은 일반 회원들의 신고가 다수 들어와서 관리자가 임시로 취한 조치였

습니다. 지금은 모두 복원되어 있습니다. 그리고 세미나블로
그의 공개 사과문도 치과의사들의 항의가 빗발쳐서 대표가
사과에 나선 것이지 협회가 별도의 압력을 가한 사실은 없습
니다."

"현재 스코어 0대1인가?"
심의가 열린 소회의실을 나서며 광호가 홍재에게 물었다.
반대 방향으로 나가던 김정민이 잠시 광호를 돌아봤다. 승리
감에 찬 눈빛이었다.
"저렇게 대응할 줄은 몰랐네. 근데 동네 치과가 비영리병원
이라는 건 맞는 말이냐?"
조금 풀이 죽은 홍재가 광호에게 물었다.
"말도 안 되는 소리야. 동네 치과 원장들 다 개인사업자야.
환자들 치료해서 번 돈으로 차 사고 집 사는데 무슨 비영리병
원이야."
광호가 대답했다.
"그럼 다 영리병원인 거야?"
"원래 영리병원이란 말은 대기업이 차린 병원이라는 뜻이
야. 동네 병원이랑은 상관없는 말이야."
"그럼 비영리병원은?"
"공익단체가 설립한 병원이 비영리병원이지. 예를 들면 서

울시 장애인치과병원 같은 데."

"그런데 왜 너네 보고 영리병원이라고 하는 거야?"

홍재가 황당해 하며 물었다.

"듣기만 해도 어감이 안 좋잖아. '돈 벌려고 싸게 하는 거구나' 하는 나쁜 이미지를 덮어씌우려는 거지."

"아니 그럼, 싸게 하는 건 영리 추구고 다 같이 작당해서 비싸게 받는 건 비영리라는 거야? 그런 헛소리가 어디 있어."

홍재가 뒤늦게 분한 마음에 목소리를 높였다.

"안에서 그렇게 얘기하지 그랬어. 왜 나한테 화내고 그래."

광호가 흥분한 홍재를 달래려 장난스럽게 핀잔을 줬다.

"아, 쪽팔려. 김정민이 나보고 살짝 비웃었거든. 영리병원 뜻 모르는 거 들킨 거 같아. 아, 창피해."

"지금 그게 중요해?"

광호가 어이없는 웃음을 지으며 말했다.

"그나저나 결정적인 한 방이 없어. 정황은 충분한데, 물증이 없어."

홍재의 어깨가 좀 처졌다. 하지만 눈빛은 여전히 반짝이고 있었다.

바리깡

송명수는 권광호의 전화번호가 적힌 쪽지를 만지작거렸다. 치과협회가 공정위에 제소되었다는 기사를 보고는 진작에 권광호의 연락처를 수소문해두었다.

'김재형을 엿 먹일 때가 드디어 온 건가.'

김재형 회장이 업체 대표들을 집합시켰을 때 녹음한 파일은 다행히 음질이 쓸 만했다. 송명수는 다시 한 번 재생 버튼을 눌러보았다.

"'덤핑치과네트워크에는 납품하지 않는다.' 이런 공식 입장만 발표해주십시오. 아, 그리고 앞으로 우리 협회가 하는 모든 사업에는 클린업체 인증을 받은 업체만 참여할 수 있습니다."

녹음기가 주머니 속에 있어서 잡음이 많이 들어갔다. 하지만 김재형이 덤핑치과네트워크에 납품하지 말라고 협박하는 부분은 고스란히 녹음되어 있었다.

송명수는 김재형 때문에 삭발까지 했던 몇 년 전의 일을 떠올렸다.

3년 전, 국회의 국정감사 기간이었다. 국회의원 김양조가 '비멸균 임플란트 유통' 의혹을 제기했다. 소독되지 않은 임플란트가 유통되었다는 충격적인 뉴스였다. 식약처가 조사에 나섰고 이미 판매된 몇 십만 개의 임플란트가 전량 수거되었다. 바로 그 임플란트가 송명수가 만든 제품이었다.

국회의원의 말 한마디는 엄청난 힘을 가지고 있었다. 모든 임플란트가 수거되었기 때문에 모든 치과에 환불해주어야만 했다. 세균검사 결과가 나오는데 몇 달이 걸렸다. 분명 소독 과정을 거쳤다는 송명수의 말은 아무도 믿어주지 않았다. 한겨울이었다. 식약처 앞에 무릎을 꿇고 앉아 바리깡으로 직접 머리를 밀었다. 이름 모를 인터넷 신문기자 몇이 동영상을 찍어 기사에 실었다. 아무 소용이 없었다. 몇 달 후 아무런 세균이 검출되지 않았다는 조사 결과가 나왔다. 단지 서류상의 문제였다. 납품 공장을 교체하는 과정에서 소독 과정을 인증

하는 서류가 누락된 것뿐이었다. 비멸균 임플란트 의혹은 모든 언론이 앞다퉈 보도했지만, 세균이 검출되지 않았다는 소식은 고작 몇 군데밖에 보도되지 않았다. 국회의원 김양조는 아무런 해명도 하지 않았다. 송명수의 회사는 부도 직전까지 갔다.

소독 인증서가 누락되었다는 사실은 내부자가 아니면 절대로 알 수 없는 내용이었다. 모든 인맥을 동원해 제보자를 찾아냈다. 제보자는 회사 돈을 횡령했다가 해고된 임만호였다. 당시 송명수의 메디임플란트는 치과협회가 주관하는 국내 최대 치과기자재 전시회인 'CIDEX'의 메인 스폰서였다. 비멸균 임플란트 소동으로 스폰서 계약은 당연히 취소되었다. 새롭게 메인스폰서 계약을 맺은 곳은 뉴비오텍이었다. 치과의사인 뉴비오텍의 대표는 김재형의 절친한 친구였다. 그리고 김재형은 당시 CIDEX 조직위원장이었다. 알고 보니 해고된 임만호가 이직한 곳도 뉴비오텍이었다. 국정감사 직전에 김재형이 임만호와 함께 여의도의 한 식당에서 김양조를 만났다는 사실도 한참 뒤에 들었다. 내막을 알아내는 과정에서 결정적인 통화 내용을 녹음하지 못했다. 그 이후로 송명수는 중요한 자리에는 항상 녹음기를 가지고 갔다.

송명수는 핸드폰을 들어 인터넷 검색창에 '비멸균 임플란

트'라고 입력해보았다. 식약처 앞에서 삭발하던 모습이 아직
도 동영상으로 남아 있었다. 머리는 다시 자라 두피를 덮었지
만 기억은 덮어지지 않았다. 송명수는 인터넷 창을 닫고 쪽지
에 적힌 번호를 눌렀다.

에티켓

"나이스 샷! 회장님 드라이버 샷은 시원시원합니다."

김재형이 티샷을 하자 강앤박의 변호사들이 호들갑스럽게 박수를 쳐댔다. 김재형의 볼이 날아간 거리는 이장석의 티샷보다 한참 짧았다.

'짤순이구만 뭐가 시원시원하다고, 참 나.'

변호사들은 가장 손위인 이장석을 제쳐두고 김재형을 깍듯이 모셨다. 카트에 탈 때도 김재형을 조수석에 앉혔다. 승용차와 달리 골프장 전기 카트의 상석은 조수석이다. 뒷좌석은 좁은 자리에 세 명이 끼어 앉아야 하기 때문이다. 보통 연장자가 상석에 앉는 것이 골프장 에티켓이다. 이장석이 조수석에 앉으려 하던 찰나 고참 변호사가 얼른 김재형을 앞자리에 앉혔다.

보름 전, 김재형과 이장석은 법무법인 강앤박과 공정위 조사 방어 건의 수임료를 협상했다. 강앤박은 그 명성답게 엄청난 금액을 제안했다. 이장석이 2억 원 이상 낮은 협상가를 역으로 제시했다. 그때 김재형이 여느 때처럼 이장석의 말을 잘라 먹었다.

"제안한 금액으로 계약하겠습니다. 저도 환자가 진료비 깎으려고 하면 기분 나빠서 대충 치료해줍니다. 변호사님들도 마찬가지 아니겠습니까."

당연히 협상이 들어올 것을 염두에 두고 넉넉하게 금액을 제시했던 변호사들이 오히려 더 놀란 눈치였다. 김재형이 거드름을 피우며 말을 이었다.

"적들이 성에 쳐들어왔습니다. 방어하는 장수들에게 보급 물자를 아껴서야 어디 사기가 오르겠습니까. 실탄은 넉넉하게 채워드릴 테니까 덤핑치과 놈들이 다시는 얼씬도 못하게 박살을 내주십시오. 하하하."

그때 이장석에게는 아무런 권한이 없다는 것을 알았을 것이다. 변호사들은 이장석의 말을 귀담아 듣지 않았다. 골프장에 나온 이날도 변호사들은 김재형의 뒤만 쫓아다녔다. 변호사 둘과 김재형이 나란히 앞서 걸었고 몇 걸음 뒤에 이장석이 걷고 있었다. 김재형이 갑자기 뒤돌아보더니 이장석에게 들고 있던 골프채를 내밀었다.

'어쩌라는 거야.'

내민 골프채를 빤히 보고 있던 이장석에게 김재형이 아래턱을 끼딱했다. 골프채를 받으라는 것이었다. 어린 캐디가 당황해서 달려와 골프채를 받았다.

"제가 가져다놓겠습니다."

이장석의 얼굴이 새빨갛게 달아올랐다. 골프를 30년 넘게 쳤지만 이런 경우는 처음이었다. 손위건 손아래건 본인의 골프채를 다른 플레이어에게 떠넘기는 경우는 본 적도 들은 적도 없었다. 손이 부들부들 떨렸다. 이날 이장석은 골프를 망쳤다.

며칠 후 이장석은 회의시간보다 한 시간 일찍 협회 사무실에 도착했다. 사무국 직원을 불러 이사회 회의록을 전부 가져오라고 지시했다.

"그 명단도 가져오세요."

'명단'은 덤핑치과네트워크에 속한 회원들의 개인 정보가 정리된 엑셀 파일이었다. 권광호의 이름이 가장 위에 있었다. 이장석은 권광호의 이메일 주소를 복사했다.

위선

"존경하는 의장님, 이처럼 한국치과협회는 다양한 불법 행위들을 저질러 왔습니다. 이는 지역별 구성 사업원들의 진료비 담합 관행을 유지하는 데 방해가 되는 특정 회원들, 소위 덤핑치과 블랙리스트에 오른 치과들을 시장에서 도태시키는 것이 주된 목적이었습니다. 최근 사회적으로 갑질과 블랙리스트가 큰 문제가 되고 있습니다. 오랫동안 한국치과협회의 시장 지배적 지위 때문에 치과계에는 공정한 가격 경쟁이 존재하지 못했습니다. 그런데 젊고 합리적인 생각을 가진 치과의사들에 의해서 치과계에도 자생적이고 합리적인 가격 경쟁이 도입되려 하고 있었습니다. 그러나 한국치과협회는 나쁜 관행을 따르지 않는 회원들의 블랙리스트를 작성하고, 이들을 우월적 지위를 악용해 괴롭히는 갑질을 저질렀습니다."

두 달 만에 다시 열린 공정거래위원회 소회의에서 홍재는 숫제 날아다녔다. 홍재는 광호가 모아준 덴탈갤러리의 게시물들을 의장과 위원들에게 제시하며 동네치과네트워크가 왜 덤핑치과네트워크로 불리게 되었는지, 그리고 치과의사들이 네트워크 회원들을 어떻게 마녀사냥 했는지를 설명했다. 또 김재형이 이런 치과계의 여론을 이용해 회장에 당선되었음을 후보 시절 홍보자료와 관련 기사들을 정리해 보여주었다. '감옥에 갈 각오'로 '비공식적인 모든 수단과 방법'을 동원하여 '네트워크를 궤멸'시킬 것이라 공언했던 김재형의 말대로, 취임 후에 어떤 일들이 실제로 벌어졌는지를 상세한 타임라인에 맞추어 설명했다. 홍재는 산발적인 사건들의 퍼즐을 '블랙리스트'와 '갑질'이라는 두 가지 키워드에 맞추어 배열했다. 의장과 위원들이 고개를 끄덕이는 횟수가 잦아졌다.

"피심인 측 김정민 전략기획이사는 저렴한 진료비를 제공하는 행위가 영리를 추구하는 것이라며 동네치과네트워크 소속 치과들을 '영리병원'이라고 부르는 해괴한 논리를 펴고 있습니다. 영리를 추구하는 것이 영리병원이라면 자신들의 폭리를 유지하기 위해 가격 경쟁을 원천적으로 차단하고 있는 협회야말로 '영리치과협회'이며 '의료영리화 세력'의 우두머리일 것입니다. 이들이 본 건과 아무 관계가 없는 영리병원이라는 단어를 사용하는 것은, 부정적 이미지를 동네치과네크워크에 덧씌워 자신들의 불법적인 행위가 마치 공익을 위한 것인 양 포장하려는 위선적인 눈속임에 불과합니다."

홍재는 지난 소회의에서 김정민에게 제대로 대거리를 하지 못한 것이 분했던지 김정민에게 한마디 하는 것도 잊지 않았다.

"존경하는 의장님, 마지막으로 이 모든 불법 행위가 한국치과협회의 이사회에서 공식적으로 논의되고 의결된 사항이며, 김재형 회장의 직접적인 주도하에 이루어진 것임을 증명하는 증거자료를 추가로 제출하도록 허락해주십시오."

김정민과 강앤박의 변호사들이 일제히 홍재와 광호가 앉은 쪽을 돌아봤다. 비웃음과 불안이 섞인 묘한 눈빛이었다.

"어떤 자료입니까?"

의장이 물었다.

"세 가지입니다. 먼저 피심인 측 김재형이 회장으로 취임한 이후 개최된 모든 이사회의 공식 회의록을 제출하겠습니다. 김재형이 본 건 관련 불법 행위들을 직접 지시하는 발언이 전부 기록되어 있습니다."

"의장님, 적법하게 확보된 자료인지 여부를 피심인 측에서 먼저 검토하게 해주십시오."

깜짝 놀란 강앤박의 고참 변호사가 다급하게 홍재를 제지하려 했다.

"그건 위원회가 직접 판단하겠습니다. 나머지는 어떤 자료입니까?"

의장은 강앤박 변호사의 요청을 들어주지 않았다.

"김재형이 치과기자재업체 대표들에게 동네치과네트워크에 납품하지 말 것을 강요한 현장의 녹취록입니다."

홍재가 말릴 틈도 없이 준비된 파일을 재생했다.

"'치과계 질서를 어지럽히는 덤핑치과네트워크에는 납품하지 않는다.' 이런 공식 입장만 발표해주십시오. 아, 그리고 앞으로 우리 협회가 하는 모든 사업에는 클린업체 인증을 받은 업체만 참여할 수 있습니다."

김재형의 목소리가 소회의실 안에 가득 찼다. 김정민의 얼굴이 새하얘졌다.

"마지막으로 한국치과협회의 내부 문건을 제출합니다. 이 문건에는 동네치과네트워크 회원들의 이름과 출신 학교, 학번, 연락처, 주소, 병원 주소, 병원 연락처 등의 개인 정보가 빠짐없이 기록되어 있고, 파일명은 '덤핑치과네트워크 명단'입니다. 이것이 바로 '블랙리스트'입니다. 협회의 내부 문건임을 증빙하기 위해 협회 사무국의 다른 업무용 파일들도 함께 제출하겠습니다."

　김정민은 앞만 바라보고 있었다. 강앤박의 변호사들도 말 없이 홍재를 노려보기만 했다.

딴 세상

광호가 소주 몇 잔의 힘을 빌어 밤새 털어놓은 지난 10년의 이야기는 여기까지였다.

'10년 동안 맘고생 많이 했겠네.'

경준은 광호가 안쓰러웠다. 그동안 광호에게서 특별히 힘든 기색을 느낀 적은 없었다. 가끔 친구들의 결혼식에서 만났을 때나 단체대화방에서 잡담을 나눌 때도 광호는 잘 지내는 것처럼 보였다. 광호는 학생 때부터 속이야기를 잘 꺼내놓는 친구는 아니었다. 신세지는 것도 싫어해서 뭐든 스스로 해결하는 타입이었다. 그런 광호가 홍재에게 도움을 청한 것을 보면 얼마나 절박한 마음이었을지 짐작이 되었다. 광호는 홍재가 없었다면 아무것도 해결되지 않았을 거라며 홍재의 활약을 칭찬했다. 물론 홍재의 남다른 천재성은 친구라면 누구나 알았다. 하지만 경준은 홍재 덕은 절반밖에 되지 않는다는 사실도 알고 있었다. 나머지는 광호가 버텼기에 가능한 일이었다.

대학 신입생 때였다. 먼저 같은 대학에 입학한 고등학교 몇 기수 선배가 총학생회장으로 출마했다. 선배는 선거운동에 고등학교 동문 후배들을 소집했다. 광호는 가지 않았다. 나머지 불려간 친구들 중 하나가 선배에게 맞았다. 선거운동을 적극적으로 돕지 않는다는 이유였다. 소식을 들은 광호가 동문회 게시판에 글을 썼다. 선거운동은 후보를 지지할 때 자발적으로 나서서 돕는 것이지 선배라는 이유로 강제로 동원해서는 안 된다는 내용이었다. 폭력을 사용한 것에 대해 사과하라고도 요구했다. 물론 사과는 없었다. 하지만 후배들은 더 이상 선거운동에 불려 다니지 않았다. 선배들은 광호를 하극상을 저지른 건방진 후배로 두고두고 기억했다.

그저 임플란트 가격만 올려 받으면 되는 일이었다. 하지만 광호는 그렇게 할 수 없는 친구였다.

광호는 MBS 뉴스 말고도 몇 번 더 방송에 얼굴을 비췄다. 화면 속의 광호는 평소와 다름없는 표정으로 차분하게 인터뷰에 응했다. 광호의 표정과 달리 공정거래위원회가 한국치과협회에 50억 원의 과징금을 부과했다는 뉴스를 접한 국민들은 분노했다. 오랫동안 쌓여왔던 비싼 치과 진료비에 대한 불만이 한꺼번에 폭발한 것 같았다. 경준은 관련 기사들을 정독하면서 두 가지 이상한 점을 발견했다. 첫째는 치과의사들이 '덤핑'이라는 단어를 반복해서 사용한다는 점이었다. 광호는 임플란트 재료만 따지면 원가가 20만 원도 채 되지 않는다고 했다. 수술비를 100만 원만 받아도 충분히 수익이 난다고 했다. 국민들은 100만 원도 싼 가격이라고는 전혀 생각하지 않았다. 그런데 치과의사들은 왜 '덤핑'이라는 단어를 쓰는지가 궁금해졌다. 또 다른 이상한 점은 치과의사들이 죄의식을 느끼지 않는다는 것이었다. 협회가 저지른 일들은 상식적으로도 부당했고, 법적으로도 문제가 될 소지가 충분했다. 그런데 그들은 숨어서 해도 모자랄 만한 일들을 대놓고 했다. 협회신문에 제 입으로 떠들어댔고 때로는 공문으로 증거를 남겼다. 협회 관계자들은 인터뷰에서도 '당연히 해야 할 일을 했다, 공정위의 결정을 인정할 수 없다'는 입장이었다. 기자인 경준의 호기심이 꿈틀댔다.

"치과의사들 너무 이상해. 똑똑한 사람들인데 도대체 왜 저런 생각을 하는 거지?"

경준의 질문에 전화기 너머의 광호는 씁쓸하게 웃기만 했다.

"안 그래도 공정위 사건 좀 잠잠해지면 너한테 꼭 보여주고 싶은 게 있었어. 너 기자잖아. 나 제보할게 있어. 좀 도와줘."

조금 주저하는 듯한 목소리로 광호는 경준에게 도움을 요청했다.

다음 날 경준은 아직 진료시간이 한 시간 정도 남은 오후에 광호의 병원을 찾았다. 여전히 앳된 얼굴로 친절하게 웃는 데스크 직원이 경준을 원장실로 안내했다. 원장실은 좁았다. 책상과 책장 하나, 컴퓨터 한 대가 다였다.

"요즘은 어때? 이제 왕따는 확실히 끝난 거야?"

환자 한 명을 마무리하고 잠시 원장실로 들어온 광호에게 경준이 물었다.

"아직 잘 모르겠어. 이제 구인광고는 올릴 수 있게 됐는데 아직 이력서는 몇 개 안 들어오네. 아무래도 이전 분위기가 있으니까……."

광호의 표정이 썩 밝아 보이진 않았다. 쓰고 있는 안경엔 하얀 가루가 잔뜩 묻어 있었다.

"안경은 왜 이렇게 지저분하냐?"

"응? 아, 이거. 치아 갈아낼 때 가루가 물이랑 섞여서 튄 거야. 방송에 얼굴이 몇 번 나갔더니 요즘 환자가 좀 많아졌어. 몇 초 나간 건데 영향력이 대단하네."

광호가 쓰고 있던 안경을 벗어 닦으면서 말했다.

"이야, 그럼 이제 우리 광호도 돈 많이 버는 거야?"

경준이 주먹으로 광호의 어깨를 툭 치며 말했다.

"환자가 많이 와도 걱정이야. 아직까지 재료 수급이 잘 안 되거든."

"공정위 처분이 나왔는데도 그래?"

"처분이야 나왔는데 영업사원들이 전화를 잘 안 받아. 협회가 처분에 불복하는 소송을 낸다고 하니까 완전히 결론 날 때까지는 눈치를 보는 거 같아."

광호는 그래도 전보다는 낫다며 경준에게 애써 웃어 보였다.

"보여줄 게 있다는 건 뭐야?"

광호는 재촉하는 경준을 책상 옆자리에 앉히고 인터넷 창을 열었다.

"덴탈갤러리?"

경준이 화면을 보고 물었다.

"응. 여기가 치과의사들의 익명 게시판이야."

"아하, 너네 명단 올려놓고서 신상 털고 마녀사냥 했다는 그 사이트가 여기야?"

경준의 눈이 호기심에 반짝거렸다.

"응. 아무래도 이 사이트를 그냥 둬선 안 될 거 같아."

"그냥 두지 않는다고? 왜?"

광호가 숨을 한 번 천천히 몰아쉬고 대답했다.

"경준이 네 말대로 똑똑한 치과의사들을 이상하게 만드는 곳이거든."

덴탈갤러리는 접속 방식부터 특이했다. 로그인 화면에는 빈 칸이 세 개 있었다. 아이디와 비밀번호, 그리고 치과의사 면허번호를 입력하는 칸이었다. 면허번호를 입력하자 놀랍게도 엑스레이 사진과 함께 치과의사들만 풀 수 있는 퀴즈 화면이 나타났다. '위 방사선 사진에서 발견할 수 있는 해부학적 구조물을 모두 고르시오'라는 퀴즈를 광호가 조심스럽게 풀었다.

"이거 틀리면 아이디가 바로 차단되거든. 어렵진 않은데 조심해서 풀어야 돼."

광호는 치과의사만 접속하게 하려는 보안 장치라고 설명했다. 틀린 답을 선택하거나 문제를 풀지 않고 뒤로 가기 버튼을 누르면 즉시 접속이 차단된다고 했다.

"도대체 어떤 글들이 있길래 이렇게 보안이 철저한 거야?"

호기심에 안달이 난 경준이 재촉하며 물었다.

"치과의사들이 왜 자꾸 덤핑이라고 하는지 궁금하다고 했지?"

"응. 도대체 얼마나 남길래 그 가격을 덤핑이라고 하는 건지 알고 싶어."

"치과의사들이 요즘 영수증 놀이 하는 게 유행이거든. 이거 보면 치과의사들의 분위기를 조금 이해할 수 있을 거야."

광호가 게시판 하단의 검색창에 '영수증'이라는 키워드를 입력하자 [영수증]이라는 말머리를 단 게시물들이 정렬되어 있다.

제목 : [영수증] 치과 경비가 너무 많아서 힘든데 조절이 안 됩니다.

저도 지난달 정산해봤습니다.

직원 급여 : 1,000

기공료 및 임대료 : 1,100

국민카드 : 600 (직원 5인 4대보험 자동이체)

하나카드 : 500 (임플란트 재료, 기타 재료)

삼성카드 : 300 (의료장비 구입)

농협카드 : 100 (직원 식대, 간식비 등 기타)

파랑우산 공제 : 25

아내 생활비 : 1,000 (교육비, 식비, 아내 용돈, 기타 생활비)

현대카드 : 500 (외식, 쇼핑, 술값 등)

헌대캐피탈 : 135 (자동차 리스)

적금, 보험 : 250

기타 잡비 : 50

경비만 대략 5,500 정도 나옵니다. 처음 정리해보는데 어마어마
하네요.

조절한 게 이 정도인데, 이렇게만 지내서는 별로 남는 현금이 없
네요.

제가 잘못하고 있는 부분에 대한 조언 부탁드립니다.

정말이지 치과만 해서는 돈 벌기 어려울 것 같습니다.

호기심 가득한 표정으로 글을 읽어 내려가던 경준의 입이
점점 벌어졌다.

"우와…… 완전 딴 세상 이야기구만. 단위는 만 원인 거
지?"

"그럼 원이겠어? 경준아, 이 사람 한 달 수입을 한 번 계산
해볼래?"

손가락으로 화면 속의 숫자를 짚어가며 몇 번이고 글을 다
시 읽는 경준에게 광호가 물었다.

"이야…… 어디 보자. 이 사람은 생활비를 한 달에 1,500만 원 정도 쓰네. 자동차 리스가 135만 원이면 얼마짜리 차를 타는 거야? 게다가 저축도 보통 사람 월급만큼이나 하네."

한참을 더 들여다보던 경준이 최종 답을 냈다.

"생활비가 1,000, 자기 용돈이 500, 그리고 적금이랑 자동차 할부까지 다 합하면 총 2,000정도. 이 사람의 한 달 수입은 2000만 원 정도 되는 거네. 맞지?"

광호가 고개를 저었다.

"아니야. 이 사람이 5,500만 원을 뭐라고 불렀는지 다시 한 번 봐."

"응? 5,500만원이 경비라고? 2,000만 원 정도는 소비하고 저축한 거니까, 그건 수입으로 쳐야 되는 거 아니야?"

광호가 씁쓸한 웃음을 지으며 설명을 시작했다.

"치과의사들은 나간 돈은 다 경비로 계산해. 통장에 고스란히 남은 현금만 수입으로 치는 거지. 치과의사들 기준으로는 이 사람은 이달 수입이 거의 없는 거야."

"아니, 무슨 계산법이 그래?"

경준의 눈이 커졌다.

"희한하지? 현금이 얼마나 남았는지는 모르니까 실제 이 사람 한 달 수입은 2,000만 원 플러스알파가 되는 거야. 그런데도 수입이 거의 없다고 느끼는 거지. 아마 얼마 안 남았다는 현금도 네가 생각하는 것보다 훨씬 큰 액수일 거야."

"아니, 2,000만 원만 수입이라고 쳐도 엄청나게 많이 버는 거잖아. 우리나라 근로자 중에 연봉 2,000만 원 이하가 절반이라던데 그걸 한 달에 버는 거 아냐."

경준의 커진 눈이 작아질 줄 몰랐다.

"마지막 줄에 뭐라고 써놨는지 봐봐."

광호가 '정말이지 치과만 해서는 돈 벌기 어려울 것 같습니다'라고 적힌 마지막 줄을 가리키며 말했다.

"헐! 치과만 해서는 돈 벌기 어렵겠다고? 도대체 얼마나 벌어야 충분히 번다는 거야?"

광호는 대답 대신 [영수증] 말머리를 단 또 다른 글을 하나 골라 보여주었다.

제목 : 201x년 결산해보았습니다.

결론적으로는 총 매출이 17억 정도가 되었는데
지출 제외하니 세전 소득이 6억 정도가 되었습니다.
여기에 세금이 2억 좀 넘게 나올 것으로 예상되어
결론적으로 세후 소득은 3억7천 정도……

한 달 세후 소득은 3천만 원 정도네요. 음……

이렇게 개고생하고 직원 때문에 스트레스 받아가며 일하는데도 제가 기대하는 것만큼 많이 버는 것 같지는 않습니다ㅠ.ㅠ 도대체 대한민국에서 돈 많이 벌려면 뭘 해야 하는 걸까요?

"뭐라고? 돈 많이 벌려면 뭘 하냐고? 하하하."

경준이 어이없다는 표정으로 크게 웃었다.

"치과의사 하면 되겠네, 치과의사! 내 연봉을 한 달에 벌고 있구만. 야, 광호야. 앞으로 나 만나면 네가 밥 다 사라. 너도 저만큼 버는 거냐?"

"하하. 그래, 밥 살게. 저 정도는 아닌데, 너 밥 사줄 만큼은 벌어."

광호가 웃으며 대답했다.

"와아, 진짜 잘 버는구나. 이 정도인 줄은 몰랐어. 근데 이렇게 잘 벌면서 다들 왜 그렇게 불만이야?"

경준의 질문에 광호가 손가락으로 딱 소리를 냈다.

"바로 그게 포인트야. 치과의사들은 지금의 수입이 엄청 적은 거라고 생각해. 저 글에 달린 '익명3' 댓글 보여? 내가 단 건데."

"네가 댓글을 달았어? 아, 저거."

ㄴ 익명3 : 고생하셨습니다. 내년엔 기대를 좀 덜 해보시면 어떨

까요?

"그러게. 기대를 너무 많이 하는 것 같긴 하다. 그러니까 네가 하고 싶은 말은 치과의사들의 기대치가 너무 높다는 거구나? 그래서 엄청난 수입을 얻고 있으면서도 늘 불만족스러워한다는 거고."

"맞아. 그래서 임플란트를 100만 원에 하는 것도 그들 기준에서는 덤핑인 거지. 한 달에 몇 천만 원 수입 유지하려면 그렇게 받아선 어림없으니까."

광호의 말을 들은 경준의 얼굴이 진지해졌다.

"치과의사들이 왜 그렇게 너를 못 잡아먹어서 안달인지 조금씩 이해가 된다."

"예전에는 치과 문 닫는 시간 되면 은행 직원이 자루를 들고 수금하러 왔대. 오래된 치과 간판이 붙어 있는 건물은 보통 그 치과 원장이 주인이라는 말도 있었고. 돈을 하도 많이 벌어서 그 빌딩을 사게 된다는 거지. 아마 지금 치과의사들은 그때의 환상과 지금의 현실을 비교하는 거 같아."

"아무래도 지금 40대 정도 되는 치과의사들은 20년 전의 치과의사들을 보고 진로를 선택했을 테니까 기대치가 높긴 하겠다."

"맞아. 그리고 이건 내가 하도 어이가 없어서 스크랩 해놨던 건데, 한 번 읽어봐. 치과협회 어르신들이 무슨 생각을 하고 계시는지 확실히 정리가 될 거야."

광호는 며칠 전에 실렸던 치과협회신문의 사설을 출력한 종이를 경준에게 내밀었다. 그때 내선전화가 울렸다.

"원장님, 예약 환자분 오셨습니다."

데스크 직원의 밝은 목소리였다.

"나 환자 한 명 보고 올 테니까, 읽어보고 있어."

광호가 마스크를 쓰며 말했다. 경준은 광호가 준 사설을 천천히 읽어 내려갔다.

치과협회신문

[사설] 치과의사가 돈을 많이 번다고요?
김경진 논설위원

예전에는 월급쟁이들보다 좀 더 많이 벌긴 했다. 월급만 놓고 보면 그랬다. 게다가 뉴스를 통해 보도되는 치과의사들의 매출을 보면 여전히 많이 버는 것처럼 보이긴 한다. 그런데 단순히 그렇게만 비교할 수는 없다.

월급쟁이들은 회사에 몸만 들어가면 된다. 투자금이 없다. 특별히 사고만 치지 않으면 월급 제때 나오고 때가 되면 승진하고 연봉도 팍팍 오른다. 사내 복지도 좋다. 요즘은 노조가 득세라 쉽게 잘리지도 않는다. 하지만 치과의사들은 개원 때부터 수억 원을 투자한다. 개원한다고 해서 환자가 많이 온다는 보장도 없다. 병원이 잘 안 되면 초기 투자금을 포기하고 개원지를 옮기기도 해야 한다. 복지는 모두 개인 부담이다. 전국 개원가를 보면 해마다 10퍼센트 정도 개원과 폐업의 악순환이 일어나고 있다. 치과의사들이 돈을 많이 번다는 얘기는 이런 상황을 고려하지 않은 무지에서 나온 말이다.

공무원들하고 비교하면 더 그렇다. 공무원은 노후에도 연금으로 월 300만 원 정도가 꼬박꼬박 나온다. 공무원 부부라고 치면 월 600만 원 이상의 연금을 받는다. 자영업자인 치과의사들에게는 꿈같은 이야기이다. 월 300만 원의 불로소득을 얻으려면 최소한 30억 원짜리 빌딩 하나 정도는 가지고 있어야 한다. 그것도 그냥 얻는 게 아니다. 고생고생해서 건물 관리하고 세금 내고, 건물 감가상각비와 수선유지비까지 부담하는 것에 비하면 300만 원도 큰 금액이 아니다. 결국 치과의사가 부부 공무원 수준의 노후 대비를 하려면 60억 원짜리 빌딩 하나는 장만해둬야 한다는 이야기다. 요즘 치과의사들의 처지가 이렇다.

치과의사의 인기도 예전 같지 않다. 몇 년 전만 해도 신랑감 후보 순위 1위였던 치과의사는 이제 5위 안에도 못 들고 10위 정도에

간신히 턱걸이하는 수준이다. 올해 조사 결과에 의하면 공무원이 1위다.

협회는 더 이상 가만히 있어서는 안 된다. 치과대학 정원을 줄여 더 이상 치과의사가 과잉 배출되지 않도록 하는 데 전념해야 한다. 그리고 진료비 인상을 위해 정부와 전면전을 벌여야 한다. 마지막으로 저 혼자 잘 살겠다고 제 살 깎아먹기로 동료들의 피눈물을 짜내고 있는 덤핑치과들을 처단하는 데 치과계의 명운을 걸어야 할 것이다.

'60억 원을 모아야 노후 대비가 된다고 생각하는 거구나. 정말 딴 세상 이야기네······.'

경준은 새삼 놀라며 종이를 내려놓았다.

광호가 한참이 지나도 돌아오지 않았다. 진료가 꽤 오래 걸리는 모양이었다. 경준은 웹서핑이나 할까 하는 생각으로 컴퓨터 앞에 옮겨 앉았다. 광호가 열어놓은 창을 닫으려는데 '진상 한 명 걸렸네요'라는 제목이 눈에 걸렸다.

'이건 또 뭐지.'

경준은 제목을 클릭했다. 주인 없는 자리에서 실례인 건 알았지만 기자의 호기심이 경준의 손을 가만두지 않았다.

제목 : 진상 한 명 걸렸네요

의료보호 1종 할아버지 환자.

입안 전체가 엉망임. 거의 누더기 수준……

엑스레이 찍자고 할 때부터 표정이 안 좋더니,

뭔가 느낌이 안 좋아서 오늘은 약만 받아 가시고 다음에 뽑자고

하니까

"에이 안 해, 뭐가 이렇게 복잡해."

하더니 나가버리네요.

진상 한 명 걸렀습니다. 역시 당일 바로 뽑아주지 말라는 선배들

의 말씀은 진리군요.

근데 신기한 게 80살 할아버지인데 50대로 보여요. 허리도 꼿꼿

하고……

이런 사람은 더 늙고 아파야 공평한 거 아닌가요?

에잇, 더러운 유전자 같으니.

└, 익명1: 잘하셨어요~ 당일 날 바로 뽑아주지 말라는 데는 다

213

이유가 있죠. 성질 더러운 진상들은 담에 다시 오라고 하면 이
렇게 화를 내거든요. 의사 말을 잘 듣나 안 듣나 미리 걸러낼
수가 있는 거죠!

경준은 두 눈으로 보고도 믿을 수가 없었다. 의료보호 환
자란 국가가 의료비를 지원해주는 저소득 계층의 환자다. 한
마디로 가난한 환자다. 가난한 환자의 허리가 왜 꼿꼿하냐고,
그런 환자면 더 늙고 아파야 공평한 거 아니냐고 적혀 있다.
그리고 마지막 문장.

'에잇, 더러운 유전자 같으니.'

경준은 한참을 들여다봤다. 화면을 다시 살펴보았더니 조
금 전 광호가 치과의사들의 영수증 놀이 게시물을 보여주던
바로 그 덴탈갤러리 게시판이 맞다. 사이트 제일 상단에도 한
국치과협회 로고가 박혀 있다.

'이게 정말 치과의사가 쓴 글이란 말이야?'

경준은 하단의 검색창에 '진상'이라고 입력했다. 제목에
'진상'이란 단어가 들어간 글들이 수도 없이 정렬되었다. 경
준은 제목에 '개진상'이라는 단어가 들어간 글을 클릭했다.

제목 : 접수대에서 보훈 개진상 한 마리가 날뛰고 있는데

왜 접수비가 만 원이나 되냐고, 비싸다고 날뛰는데

이런 거 보면 못 사는 동네에서 개원한 게 잘못인가 하는 생각도

듭니다.

치료할 데가 많겠지라는 생각에 구도심 경제력 떨어지는 곳에 개

원했는데……

개돼지들 ㅎㅎㅎ

└ 익명1: 개업은 최소한의 수준이 유지되는 곳에서 하시길.

"이런, 미친놈들!"

경준은 저도 모르게 소리 내어 욕을 했다. 보훈이라는 말

은 아마도 국가유공자 의료 혜택을 받는 환자를 말하는 것

같았다.

'개진상 한 마리? 개돼지들?'

경준의 얼굴이 새빨개졌다. 또 다른 글을 클릭했다.

제목 : 진상, 진상. 이게 치과인지 항문외과인지……

못 사는 동네에 개원을 해서……

내가 입안을 보고 있는 건지

똥구멍을 보고 있는 건지……

마스크를 써도 스며드는 똥 냄새 같은 입 냄새ㅠㅠ

한두 명도 아니고 정말 빨리 때려치우고 싶네요.

ㄴ 익명1: 똥꼬가 더 깨끗할 듯.

이런 글들이 겨우 몇 개가 아니었다. 하나같이 '거지 근성', '자격지심', '없는 놈들이 더 지랄' 등의 표현을 쓰며 가난한 환자들을 마치 원수 대하듯 했다. 심지어 '미친 진상년 집에 가다 차에 쳐 뒈져버렸으면'이라는 끔찍한 표현이 담긴 글도 있었다.

"미안, 많이 기다렸지?"

마침 광호가 들어왔다. 경준은 화면에서 눈을 떼지 못했다. 광호가 경준이 보고 있는 화면을 들여다봤다.

"벌써 봐버렸네. 좀 약한 걸로 골라서 보여주려고 했는데. 엄청나지?"

광호가 민망한 얼굴로 물었다.

"제보하겠다는 게 이런 거였어?"

경준이 그제야 질린 눈으로 광호를 돌아봤다.

"아니. 제보하려는 건 더 센 거야."

"설마 이거보다 더한 게 있다는 거야?"

"있지."

"도대체 뭐가 더 있을 수 있지?"

"경준아. 치과의사들 다들 똑똑한 사람들인데, 왜 이렇게 죄의식이 없냐고 물었지?"

광호가 묻자 경준이 말할 힘도 없다는 표정으로 고개만 끄덕끄덕했다.

"나는 그게 이 익명 게시판 때문이라고 생각해. 이 익명 게시판이 치과의사들의 이성을 마비시키고 있어."

"이성을 마비시킨다고?"

광호가 대답 없이 인터넷 창을 닫고 폴더 하나를 열었다. 스크랩된 게시물들이 PDF파일 형태로 잔뜩 저장된 폴더였다. 폴더 이름을 본 경준은 흠칫했다.

폴더의 이름은 '환자 블랙리스트'였다.

광호가 첫 번째 파일을 열었다. 제목의 말머리는 [BL]이었다.

제목 : [BL] 정말 미친 진상년 올립니다. 김영0 서울경기

진료비 아직 다 안 냈는데 싸우다 나갔습니다.

보철을 해야 하니 어느 치과든 가긴 갈 겁니다.

절대 해주시면 안 됩니다.

어떻게든 남은 진료비 받아낼 겁니다.

욕설과 모욕적인 말로 의사와 직원들을 깔아뭉개는 개년입니다.

김ㅇ자, 53세입니다.

오늘 찍은 파노라마 엑스레이 사진 첨부하니 절대로 치료해주시면 안 됩니다.

현재 하악 양측 4, 5번은 임시치아 상태입니다.

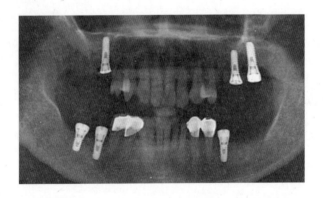

└ 익명5: 저런 년들은 평생 보철 못 올리고 살게 해야 합니다.
모든 치과의사들이 양심적이어야 저런 년들이 다시 작성자님
께 가서 잘못했다고 싹싹 빌 텐데. 과연 그런 날이…… 에휴.

경준은 아무 말도 하지 못하고 글을 읽어 내려갔다.

"BL은 블랙리스트의 약자야. 언제든지 검색창에 'BL'이라고 입력하면 리스트가 나오도록 말머리를 다는 거야. 이곳 사람들의 약속이야."

광호가 경준에게 말머리의 뜻을 설명했다. 조금 전까지 진상 환자를 욕하는 저열한 표현의 글들을 많이 봐서인지 '진상년', '개년' 등의 욕설은 이제 그다지 충격적이지 않았다. 경준이 놀란 것은 환자의 신상이 공개되어 있다는 사실이었다. 제목엔 김영○, 본문엔 김○자. 환자의 이름이 김영자란 뜻이다.

"엑스레이 사진은 왜 올려놓은 거야? 이거 보면 환자를 구분할 수 있어?"

경준이 화면에서 눈을 떼지 않은 채 물었다.

"그럼. 나도 오랜만에 오는 환자분들 얼굴 보면 기억이 잘 안 나. 그런데 엑스레이 사진 보면 바로 기억나. 이렇게 사진 올려놓은 건 치과의사들에게는 증명사진 올려놓은 거나 마찬가지야."

"그럼 이 환자는 이름 김영자, 나이 53세, 거주지 서울경기, 거기다 얼굴까지 공개된 거나 마찬가지네?"

경준이 화면에서 눈을 떼고 광호를 쳐다보며 물었다.

"그렇지. 그러니까 블랙리스트지. 기억해뒀다가 절대 치료해주지 말라는 거야."

"자기랑 싸웠다는 이유로 다른 병원에서도 진료 못 받는 거야?"

"사실 싸웠다는 것도 양쪽 말 다 들어보기 전엔 알 수 없는 거야."

경준은 몇 년 전 전국을 시끄럽게 했던 '채소당 폭행 사건'을 떠올렸다. 한 임산부가 프랜차이즈 식당 종업원이 자신을 폭행했다는 글을 인터넷에 올려 식당은 문을 닫고 프랜차이즈 사장까지 나서 사과했으나, 알고 보니 임산부가 자신의 요구사항을 들어주지 않은 데 앙심을 품고 꾸며낸 거짓말이었다. 그러나 그 식당의 사장은 우여곡절을 겪다 결국 파산했다.

"댓글 봤어?"

광호가 생각에 잠긴 경준에게 물었다. 경준은 본문의 내용이 너무 충격적이어서 아직 댓글 쪽은 보지도 못했다.

"양심적이어야 한다고? 아니, 그럼 저 환자를 보지 않는 게 양심적이라는 거야? 그 반대가 아니고?"

댓글을 읽은 경준의 목소리가 높아졌다.

"동업자를 힘들게 한 환자니까 다 같이 진료 거부해서 보복해줘야 한다는 거지. 그러지 않고 치료를 해주는 건 동료의 고통을 외면하고 자기 돈벌이만 하겠다는 거니까 비양심적이라는 뜻이야."

"정말 그런 뜻이야? 네가 잘못 알고 있는 거 아니야?"

경준이 믿을 수 없다는 표정으로 다시 물었다.

"그럼 달리 무슨 뜻이겠어?"

광호가 씁쓸한 표정으로 대답했다.

"이런 글이 많아?"

제발 일부에 불과하기를 바라는 마음으로 경준이 물었다.

광호는 대답 없이 나머지 글들을 차례로 보여주었다.

제목 : [BL] 중랑구 강O정. 아주 '효'가 지극한 여성입니다. 85
년생.

사랑니 약속 잡았는데 오늘 보니 너무 정신이 이상해 보여서
대학병원으로 가야 한다고 했더니 휴가 낸 거 보상하라고 난리도
아니네요.

제목 : [BL] 정홍O - 진료비 떼어먹은 환자

정홍O이라는 환자입니다. 1941년생입니다.
환자 이름과 달리 전혀 '덕'을 쌓지 못하고 70이 되도록 살아온
사람입니다.

제목 : [BL] 59년생. 관악구. 김희O 씨입니다.

#11 치근파절 환자

보철한다 해놓고 신경 치료만 받고 도망갈 가능성 많습니다.

조심하세요.

제목 : [BL] 부천 지역 환자 임천0 (여)

임시 접착한 크라운, 직원이 제거했다고 불법 의료 행위로 경찰서에 신고함.

제목 : [BL] 한혜0, 강서구

강서구 사는 40대 키 큰 여자 환자입니다.

혹시 보시면 무조건 대학병원 가야 된다고 하시고 말 섞지 마세요.

말 섞으면 한도 끝도 없어요.

제목 : [BL] 박0열 (47년생, 강서구 방화동 거주)

보철물 색이 맘에 안 든다고 다섯 번 다시 만들게 한 놈입니다.

ㄴ 익명1 : 혹시 0노0 님 아닌가요?

"광호야, 이제 그만 보고 싶다."

경준은 이 정도만 보아도 분위기가 파악되었다. 무엇보다 너무 견디기가 힘들었다.

"그래. 기분 좋은 내용도 아닌데……."

"공기가 답답하다. 너 환자 끝났으면 우리 밥 먹으러 가자."

광호는 육개장 한 그릇을 금방 비웠다. 병원에서 직접 보니 치과의사의 일은 육체노동이었다. 배가 고플 만도 하다고 생각했다. 경준은 별로 입맛이 없었다. 조금 전 덴탈갤러리에서 본 끔찍한 단어들이 머릿속을 둥둥 떠다녔다. 기자이기 이전에 한 사람의 인간으로서 화가 났다.

"이건 충분히 기사거리가 돼. 사람들에게 알려야 하는 내용이야."

광호가 식사를 마친 것을 확인한 경준이 기다렸다는 듯이 말했다.

"기사 나가면 꽤 시끄러울 것 같은데, 광호 너 괜찮겠어?"

"내가 제보했다고 광고할 건 아니지?"

광호가 장난스러운 표정으로 되물었다.

"그건 아닌데, 좀 걱정돼서."

"뭐 어때. 이미 치과계에선 공공의 적인걸."

"그런데 광호야. 네가 이걸 제보하는 이유는 뭐야? 덴탈갤러리 회원들에 대한 복수심 같은 건가?"

"복수하려면 이거 갖고 되겠어? 내가 그동안 당한 세월이 얼만데."

광호가 웃으며 말했다. 그리고 곧 웃음기를 걷고 말을 이었다.

"나는 이 게시판을 없애고 싶어."

"왜?"

"치과의사가 제일 힘든 게 뭔 줄 알아?"

경준이 잠시 생각에 잠겼다가 대답했다.

"복잡한 수술 같이 어려운 치료할 때 힘들지 않나?"

"아니."

광호가 고개를 저었다.

"사람 대하는 일이 제일 힘들어. 진료도 물론 어렵지만 환자와 직접 얼굴을 마주하면서 신뢰를 쌓는다는 게 만만치가 않아. 계속 마찰이 생기는데, 그걸 잘 해결하면 돈독한 관계가 돼. 하지만 한 번 어긋나면 관계가 완전히 깨지기도 해. 그런 경험을 반복적으로 겪다 보면 치과의사라는 직업에 근본적으로 회의가 생겨."

경준이 고개를 끄덕였다. 돈 잘 버는 전문직의 폼 나는 모습만 생각했지 '사람을 직접 대면한다'는 특성에 대해서는 생각해본 적이 없었다. 누군가 '사람을 직접 대하지 않을수록 고급 직종'이라고 했던 말이 생각났다.

"그럴 때 치과의사들은 외롭단 말이야. 선후배나 동료를 찾게 돼. 그런데 다들 바쁘니까 만날 수는 없어. 그래서 덴탈갤러리를 찾는 거야. 거긴 동병상련을 느낄 사람들이 있거든."

"그래서 그렇게 회원도 많고 조회수도 많은 거구나?"

"맞아. 그런데 거기에 갔더니 그런 글들이 떡하니 있는 거야. 진상 환자 욕하고 저주하는 글, 가난한 동네에서는 아예 개원하지 말라는 글, 자기랑 싸운 환자 절대 치료해주지 말라는 글. 안 그래도 힘든데 이런 글들 보면 어떤 생각이 들겠어? '아, 환자는 우리의 적이구나. 내 돈벌이에 방해되는 것들은 다 적이구나.' 이런 생각에 자기도 모르게 젖어드는 거지."

"그럼 말이야. 너처럼 생각하는 사람들이 글을 쓰면 안 돼? 그러면 안 된다고."

경준이 물었다.

"그런 글은 쓸 수가 없어. 신고제도 때문에."

광호는 경준에게 익명 게시판의 독특한 신고제도를 설명했다. 모든 게시물과 댓글에는 신고 버튼이 달려 있다. 이 버튼을 아무나 다섯 명이 누르면 글과 댓글은 사라진다. 다른 포털 사이트에도 신고 기능이 있지만 운영진이 심사하여 처리하는 방식이다. 그런데 덴탈갤러리의 익명 게시판에서는 그냥 즉시 사라져버린다. 더 무서운 것은 한 사람이 신고를 당한 횟수가 총 30번이 넘으면 접속이 차단된다는 점이다. 예를 들어 광호가 10개의 글과 댓글을 썼는데, 골고루 3번씩 신고를 받는다면 광호는 익명 게시판에 접속할 수 없게 된다.

"신고제도 때문에 치과의사들 편을 들지 않는 댓글은 쓸 수가 없어. 같이 욕해주고 분풀이 해주는 글과 댓글만 남아. 여기는 비판이라는 게 없어."

경준은 기가 막혔다. 자동차는 우회전도 하고 좌회전도 해야 목적지에 도착할 수 있다. 좌회전밖에 할 수 없다면 계속 같은 곳을 맴돌 것이다. 반대의견을 허락하지 않는 집단은 반드시 도태한다.

"익명 게시판이 치과의사들의 이성을 마비시킨다는 말이 그런 뜻이었구나?"

"맞아. 익명 게시판이 치과의사들을 병들게 하고 있어."

경준은 한국치과협회가 벌인 일들에 대해 치과계가 아무런 죄의식을 느끼지 않는 것처럼 보이는 이유를 조금은 알 것 같았다.

그랜저

"환자 블랙리스트 같은 것은 존재하지 않습니다."

김정민은 단호하게 잘라 말했다.

"김정민 이사님도 덴탈갤러리 이용하십니까?"

한국치과협회 회의실에서 김정민과 마주 앉은 경준이 차근히 질문을 이어갔다. 어제 경준은 협회에 인터뷰를 요청했다. 공정위 처분에 대한 입장을 취재하고 싶다고 하자 협회 사무국 직원 전화로 간단한 질의응답만 가능하다고 했다. 최대한 시끄럽지 않게 마무리하고 싶은 눈치였다. 하지만 경준이 '덴탈갤러리의 부적절한 게시물'에 대한 제보를 받았다고 하자 전화를 받던 직원은 상부에 보고하고 다시 연락을 주겠다고 했다. 10분도 채 지나지 않아 김정민이라는 사람에게서 연락이 왔다. 그리고 바로 다음 날로 약속을 정했다.

"가끔 회원들의 여론을 파악하기 위해 방문합니다. 하지만 단 한 번도 환자 블랙리스트 같은 것을 본 적은 없습니다."

여유 있는 태도와 말투였지만 어딘지 모르게 불안해 보였다.

"그럼 혹시 이런 글 본 적 있으신가요?"

경준이 덴탈갤러리 익명 게시판의 글을 인쇄한 종이 한 장을 내밀었다. 광호가 경준에게 가장 먼저 보여준 '[BL] 정말 미친 진상년 올립니다'라는 제목의 글이었다.

"본 적 없습니다. 우리 협회 회원들은 이런 글을 쓸 정도로 수준이 낮지 않습니다. 아마 이 글은 치과의사가 아닌 병원 직원이나 업자가 들어와서 썼을 겁니다."

김정민이 태연하게 대답했다.

'흠, 준비했다 이거지.'

경준이 질문을 이어갔다.

"치과의사만 들어오는 게시판이 아닌가 보죠?"

"직원들이나 업자들이 아이디를 빌려서 많이 들어오는 것으로 알고 있습니다."

"그래요? 음…… 그런데 접속할 때 면허번호도 입력해야 하고 어려운 퀴즈도 풀어야 하던데, 직원들이나 업자들이 그런 문제를 풀 수 있습니까?"

"그런 것은…… 뭐…… 업계 종사자들은 경력이 쌓이면 좀 눈치가 생기니까 아마 풀 수도 있지 않을까 생각됩니다."

김정민의 눈동자가 조금 바빠지기 시작했다. 얼굴 근육은 컨트롤할 수 있지만 눈빛은 마음대로 되지 않는 법이다.

"그리고 설령 치과의사가 그런 글을 썼다 해도, 그건 동료들에게 힘든 심정을 토로하는 넋두리에 불과할 겁니다. 물론 부적절한 표현이 있는 것 같긴 하지만, 그런 걸 가지고 블랙리스트 운운하는 것은 너무 과장된 겁니다. 극히 일부의 일탈이다, 저는 그렇게 생각합니다."

'넋두리라…… 넋두리치곤 좀 센데.'

경준은 나머지 글들을 더 보여주지는 않았다. 대답은 충분히 들었다.

"그런데 이사님, 익명 게시판에 보니까 신고제도라는 것이 있던데요. 몇 명이 신고 버튼을 누르면 심사 과정도 없이 그냥 바로 글이 사라지게 돼 있습니다. 이런 장치는 왜 있는 거죠?"

"제가 알기로는 치과의사들이 스스로 자정 작용을 하기 위해서 만들어둔 장치입니다."

"자정 작용이라는 게 무슨 뜻인가요?"

"아시다시피 치과의사들은 엘리트들입니다. 그렇기 때문

에 일부 몰지각한 회원의 부적절한 의견이나, 조금 전 보여주신 누가 봐도 치과의사가 아닌 사람이 쓴 것 같은 그런 글들에 대해서는 스스로 조치를 취할 수 있도록 해둔 것이죠."

경준은 '엘리트'라는 단어가 거슬렸다.

"자정 작용이라는 것은 다양한 비판에 의해서 자연스럽게 이루어지는 것 아닙니까? 오히려 그런 신고제도는 비판의 목소리가 나오지 않게 만들 것 같은데요. 말씀과 다르게 아까 보여드린 그 글도 신고되지 않고 남아 있었습니다."

"물론 일반인들이 많은 잡다한 게시판들은 그럴지도 모릅니다. 하지만 이곳은 최고의 지성들이 모여 토론하는 곳이기 때문에 오히려 경험이 많은 선배들이 후배들의 옳지 못한 의견에 대해서는 따끔하게 충고하는 것이 올바른 치과계 여론 형성에 더 도움이 된다고 생각합니다. 그리고 그 글이 신고되지 않은 것은 아마도 회원들이 관심을 두지 않아서 그럴 겁니다."

'조회수가 2천이 넘더라, 이 양반아.'

경준은 감정을 드러내지 않고 속으로 삼켰다. 이럴 땐 기자라는 직업이 싫다. 일단은 들어야 한다. 끝까지 논쟁하려 들면 상대는 입을 다물어버린다.

"공정위 처분에 대해서도 몇 가지 좀 여쭤보겠습니다. 협회가 영업을 방해한 대상은 대부분 치료비가 저렴한 병원들인데요. 특별한 이유가 있습니까?"

경준은 화제를 돌려 공정위 사건에 대한 질문을 시작했다.

"이미 다른 언론을 통해서 여러 번 말씀드렸지만 협회는 영업방해 행위를 한 적이 없습니다. 비윤리적인 행위를 하는 치과들에 대해서 계도를 했던 것입니다."

김정민의 표정에서 약간의 짜증이 드러나기 시작했다.

"치료비를 싸게 하는 게 비윤리적인 건가요?"

"치료비를 싸게 하면 당연히 저질 재료를 사용하고, 더 많은 수익을 얻기 위해서 과잉 진료를 하지 않겠습니까? 그런 것을 협회가 사전에 막자는 것이죠. 진료비가 낮아지면 의료의 질이 낮아질 수밖에 없으니까요."

김정민이 해묵은 레퍼토리를 꺼냈다. 진료비가 싸지면 의료의 질이 낮아진다니. 경준은 갑자기 심사가 뒤틀렸다.

"그런데 이사님, 진료비가 낮아지면 의료의 질이 왜 낮아지죠?"

경준의 질문에 김정민이 고개를 갸웃했다. 당연한 걸 왜 묻느냐는 표정이었다.

"그야…… 당연한 것 아닌가요? 의사들도 생존권을 위협받으면 어쩔 수 없이 원가를 절감하기 위한 노력을 할 수밖에 없겠죠."

"임플란트 수술비를 100만 원 받는 것이 생존권을 위협할 정도입니까?"

경준은 자신의 질문에 조금씩 감정이 실리는 것을 느꼈다.

"치과의사가 너무 과잉 배출되고 있기 때문에 치과 경영이 매우 어렵습니다. 기자님도 요즘 병원 폐업률이 높아지고 있다는 뉴스 보신 적 있지 않습니까?"

경준도 그런 기사를 본 적이 있다. 하지만 폐업률이 높아진 이유는 폐업하고 다른 곳으로 이전하는 병원이 많아졌기 때문이었다. 기자가 인터뷰에서 토론을 하면 안 된다. 하지만 김정민도 피할 생각은 없어 보였다.

"진료비가 낮아지면 의료의 질이 낮아지는 게 아니라 의사의 생활의 질이 낮아지는 거겠죠. 생활의 질을 낮추기 싫으니까 의료의 질을 낮추겠다는 건 아닌가요?"

"그건 아니죠. 의사들이 돈에 욕심내지 않고 올바르게 진료할 수 있도록 최소한의 수입은 보장이 되어야 하는 겁니다."

경준의 공격적인 말투 때문에 김정민의 얼굴에도 점점 불쾌한 감정이 드러났다.

"최소한의 수입이 어느 정도입니까?"

"그건 뭐…… 사람들마다 생각이 다르기 때문에……."

김정민이 머뭇머뭇했다. 경준은 매달 수천만 원의 수입도 적다고 한탄하던 글들을 떠올렸다.

"이사님."

경준이 머뭇거리는 김정민의 말을 끊었다. 경준은 이미 페이스를 잃었다.

"벤츠 타고 출근하면 잘되던 진료가 그랜저 타고 출근하면 잘 안 됩니까?"

양심

검고 긴 고급 승용차가 한국치과협회 주차장을 빠져나왔다. 뒷좌석에는 김재형이 타고 있었다. 김재형에게 지난 두 달은 무척이나 길었다. 취임 직후부터 추진해오던 덤핑치과 네트워크 척결운동은 공정거래위원회의 과징금 처분 때문에 브레이크가 걸렸다. 주변의 반대를 무릅쓰고 전략기획이사로 영입한 김정민은 별로 실력을 발휘하지 못했다. 김정민을 데려온 것은 이경수의 조언 때문이었다.

'의료영리화를 앞장서 막아낸 치과협회장, 이런 타이틀로 비례대표 공천을 받으려면 뭔가 스펙이 있어야 돼. 근데 자넨 그런 게 없잖아. 김정민, 이 친구가 사회운동 하는 친구야. 뭐라더라, 공정한 사회 어쩌고 하는 치과 모임. 사회운동 하던 사람을 밑으로 들이면 자네도 사회운동가가 되는 거야. 그리고 이 친구 친형이 방송국 간부야. 나중에 인터뷰도 한 번 잡아서 국민구강건강 지킴이, 뭐 이런 걸로 이미지 메이킹을 하는 거지. 나 공천 받을 때도 이 친구 형 도움을 좀 받았어.'

공정위에 협회 측 진술인으로 김정민을 내보낸 것도 그가 말 잘하는 브레인이라는 평판 때문이었다. 그러나 김정민은 젊은 변호사에게 보기 좋게 깨져서 돌아왔다. 몇 억 원을 주고 선임한 강앤박의 변호사들도 별 소용이 없었다.

'깡이 없어, 깡이. 내가 법대를 가서 변호사를 했으면 그냥 내 손에 다 죽는 건데.'

공정위 사건이 조금 잠잠해지려 하자 환자 블랙리스트 사건이 터졌다. 치과의사들이 진상 환자 블랙리스트를 공유했다는 뉴스는 공정위 사건보다 더 파괴력이 컸다. 공정위 사건은 업계 내부의 싸움이었지만, 환자 블랙리스트는 국민들과 직접 관련된 일이었기 때문이다. 하필 협회 홈페이지에 있는 게시판에서 일어난 일이라 비난의 화살은 모두 한국치과협회로 쏠렸다. 인터뷰 요청이 이어졌지만, 이런 데 얼굴을 비쳐서는 장차 큰일을 하는 데 방해가 된다고 생각했다. 공정위 사건 때의 무능을 책임지라는 의미로 김정민을 내보냈다. 하지만 '넋두리'라느니 '엘리트'라느니 이상한 소리를 늘어놓아서 오히려 여론을 더 들쑤셔놓았다. 보건복지부는 덴탈갤러리를 검찰에 수사 의뢰한다고 했다. 다음 날로 익명 게시판을 폐쇄해버렸다. 게시물이 저장돼 있는 서버도 교체하도록 지시했다.

환자 블랙리스트를 제보한 놈들은 분명 덤핑치과 놈들일 것이다. 방송국 간부인 김정민의 형을 통해 수소문해보니 제보자는 창주시의 치과의사라고 했다. 덤핑치과 놈들의 우두머리인 권광호의 병원이 있는 지역이었다.

협회가 위기에 몰리자 서울대 놈들이 조금씩 목소리를 높이기 시작했다. '근본 없는' 놈을 회장 자리에 앉혀서 협회가 이 지경이 됐다는 말들이 돌아다녔다. 서울대 놈들은 이장석을 중심으로 뭉쳐 다녔다. 벌써부터 차기 회장 선거는 연임을 노리는 김재형과 서울대의 부활을 노리는 이장석의 대결이라는 이야기가 오간다고 했다. 사실 김재형은 이장석을 강하게 의심하고 있었다. 공정위에 협회의 회의록이 제출됐다는 소식이 전해지자, 이장석은 다른 임원들 앞에서 어떻게 그런 일이 있을 수 있냐며 필요 이상으로 방방 뛰며 분개했다. 김재형은 이장석이 골프 내기에 졌을 때 말고는 흥분하는 것을 본 적이 없었다. 도둑이 제 발 저린 것이 분명했다. 성북동 한정식 집에서의 녹취는 도대체 어떤 놈이 한 것일까. 김재형은 그날의 참석자 중 누가 본인에게 앙심을 품고 있을까 생각해 보았다. 너무 많아서 찾기를 곧 그만두었다.

김재형이 향하고 있는 곳은 바로 그 성북동 한정식 집이었다. 며칠 전 장민구라는 창주시 지부 총무가 직접 김재형에게 전화를 걸어 면담을 요청했다. 창주시는 권광호가 있는 지역이었다.

"회장님, 요즘 여러모로 어려움 겪고 계신 것으로 알고 있습니다. 제가 조그마한 반전으로 삼을 만한 정보를 좀 드렸으면 합니다. 권광호에 관한 것입니다."

김재형은 장민구의 깡이 마음에 들었다. 일개 지부의 회장도 아닌 총무가 직접 전화를 걸다니, 평소의 김재형에게는 가당치도 않은 일이다. 그러나 지금은 처지가 좀 궁색했다. 게다가 권광호라는 이름을 듣는 순간 김재형은 구미가 확 당겼다.

한정식 집에는 장민구가 이미 도착해 있었다. 그는 웬 젊은 남자를 데려왔다. 젊은 남자는 시종일관 굽신굽신한 태도로 인사를 하는 것이 분명 치과의사는 아니었다.

"회장님, 시간 내주셔서 정말 감사합니다. 이 친구는 홍영한이라고, 권광호를 아주 잘 아는 친구입니다."

그날의 대화는 한 시간 정도 이어졌다. 며칠 뒤 김재형과 장민구, 그리고 젊은 남자가 여의도에서 다시 만났다. 잠시 후 이경수가 나타났고 네 사람은 함께 국회의사당 안으로 들어갔다.

작전

다음 뉴스입니다. 일부 치과에서 공업용 과산화수소를 사용해 불법 치아미백 시술을 해왔다는 의혹이 제기돼 큰 충격을 주고 있습니다. 오늘 열린 국정감사 보건복지위 대정부 질의에서 김양조 의원이 해당 의혹을 제기했는데요. 관련 화면 먼저 보시겠습니다.

김양조 의원: 장관, 지금 일부 치과에서 공업용 과산화수소를 의료용으로 사용하고 있다는 사실을 파악하고 있습니까?

장관: 미처 파악하지 못한 내용입니다.

김양조 의원: 그런 것도 파악 못하고 뭐하는 겁니까. 지금 농도

가 35퍼센트나 되는 아주 위험한 공업용 과산화수소를 동네치과네트워크라는 곳에서 치아미백에 사용하고 있어요! 장관은 당장 실태 파악해서 조치하세요!

장관: 알겠습니다.

김양조 의원실에서 제공한 자료에 따르면 소위 동네치과네트워크로 불리는 저가 치과들이 환자를 유인하기 위해 치아미백 시술을 헐값에 제공하고 있다고 합니다. 이들은 원가를 절감하기 위해서 의료용으로 허가된 15퍼센트 농도의 과산화수소가 아닌 35퍼센트에 달하는 고농도의 공업용 과산화수소를 사용했습니다. 치과계 관계자에 따르면 이와 같은 불법 치아미백 시술에는 심각한 부작용이 있을 수 있다고 합니다.

김정민 치과의사/한국치과협회 전략기획이사: 공업용 과산화수소를 사용하게 되면 지각과민이 나타나서 치아의 신경이 괴사하거나, 피부에 화상을 입을 수도 있습니다. 경우에 따라서는 패혈증을 유발해 환자를 사망에 이르게 하기도…….

보건복지부는 관련 내용을 파악한 후 검찰에 수사를 의뢰하기로 했습니다.

"어떻게 된 거야? 저게 다 무슨 소리야?"

저녁 뉴스를 본 경준이 곧바로 광호에게 전화를 걸었다.

"나도 모르겠어. 나도 지금 뉴스로 첨 듣는 이야기야."

광호의 말끝이 가늘게 떨리는 것을 경준은 느낄 수 있었다.

"공업용 과산화수소라는 걸 진짜 쓴 거야?"

"모르겠어. 재료업체에서 들여오는 걸 10년 동안 쓰고 있는 건데…… 지금 병원에 가서 확인해보려고."

"불법 시술이라는 말이 맞는 거야?"

경준도 마음이 급해져 광호를 다그쳤다.

"아니야. 학교에서 배운 대로 한 거야. 10년 동안 해오던 방법이고, 주변 치과에서도 다 똑같은 방법으로 해."

광호가 얼이 빠진 채 대답했다.

"이건 좀 심각한데. 내일 좀 보자. 내가 병원으로 갈게."

"그래, 고마워. 일단 나도 상황을 좀 파악해볼게"

잠시 후 홍재에게서도 전화가 왔다. 홍재는 법적인 문제가 없는지를 상세히 물었지만 광호는 시원하게 대답할 수 없었다. 네트워크 회원들에게서도 전화가 빗발쳤다. 그들은 어떻게 된 일이냐며 광호를 다그쳤다. 미백제로 사용된 과산화수소는 광호가 공동구매로 구입한 재료들 중 하나였기 때문이다.

그날 밤 포털 사이트의 실시간 검색어 1위는 '동네치과네트워크'였다. 그 아래 순위를 '치아미백', '과산화수소', '불법 치아미백' 등이 오르내렸다. 광호는 한밤중에 닫힌 병원 문을 열고 들어갔다. 과산화수소 용액이 담긴 플라스틱 용기의 제품 설명을 읽고 또 읽었다. 밤새 교과서를 뒤적였다. 인터넷으로 해외의 학술 사이트도 검색했다. 찾아낸 내용들을 종이에 적어 내려갔다. 떨리는 손으로 쓴 글씨는 줄이 맞지 않았다.

날이 밝자 모든 아침 뉴스에 '공업용 과산화수소'라는 단어가 등장했다. 그때마다 동네치과네트워크도 함께 소개되었다. 광호에게 기자들의 문의전화가 빗발쳤다. 받지 않았다. 경준의 조언 때문이었다.

"지금은 네 말 아무도 안 믿을 거니까, 일단 내가 갈 때까지 기자들 전화 받지 마."

병원에서 밤을 샌 광호는 새벽에 배달된 조간신문을 보고 깜짝 놀랐다. 1면 하단에 한국치과협회의 광고가 실렸다.

동네치과네트워크의 공업용 과산화수소 사용을 한국치과협회가 대신 사과드립니다.

공업용 과산화수소를 사용한 불법 치아미백 시술은 있어서는 안 될 파렴치한 의료 범죄입니다.

불법 치아미백 시술을 하는 곳은 '동네치과네트워크' 소속 치과들입니다.

이들은 터무니없이 저렴한 가격으로 환자를 유인한 뒤 불법 재료로 환자를 치료하는 패륜을 저질렀습니다.

하지만 대한민국의 대다수 선량한 치과의사들은 안전한 재료로 치아미백 시술을 하고 있습니다.

국민 여러분께서는 안심하시고, 지나치게 저렴한 가격으로 환자를 유인하는 불량 덤핑치과를 이용하지 않으시기를 부탁드립니다.

다시 한 번 동네치과네트워크의 공업용 과산화수소 불법 치아미백 시술을 협회가 대신 사과드립니다.

한국치과협회 김재형 회장

신문 광고뿐만이 아니었다. 치과협회신문의 호외도 배달되었다.

'불법 치아미백 시술 경악'

'공업용 과산화수소 – 사망에 이를 수도'

'원가 절감 위해 의료인 양심 버렸다'

'돈에 눈먼 패륜 범죄'

온갖 자극적인 문구로 가득했고, 동네치과네트워크는 돈을 위해서라면 사람도 죽일 것 같은 파렴치한 치과의사들의 집단이 되어 있었다. 광호의 병원에까지 배달된 호외는 어디까지 얼마나 많이 배포되었을지 모르는 일이었다.

점심시간 조금 전에 경준이 병원으로 찾아왔다.

"일은 어쩌고 이렇게 왔어?"

광호가 넋이 나간 표정으로 말했다.

"지금 그게 문제야? 별일 없었어?"

"항의전화가 많이 왔어. 우리 직원이 전화로 응대하다가 울더라고."

경준이 데스크 쪽을 돌아봤다. 생각해보니 늘 웃으며 반겨주던 그 직원이 오늘은 경준을 보고도 웃지 않았다.

"점심시간 됐지? 일단 나가서 얘기하자."

경준이 광호의 팔을 끌었다. 광호는 나가고 싶지 않았다. 세상 모두가 자신을 쳐다보고 욕할 것만 같았다.

"하나씩 정리해보자. 공업용 과산화수소를 사용한 건 맞아?"

경준이 주문한 커피를 받아와 자리에 앉으며 물었다. 두 사람 모두 식욕이 없었다.

"아니야. 포장에 분명히 '의약외품'이라고 적혀 있어."

"그럼 공업용이라는 뉴스는 뭐야?"

"공업용 과산화수소라는 건 애초에 존재하질 않아. 과산화수소는 그냥 다 같은 화학물질일 뿐이야."

"35퍼센트 농도 제품을 쓴 건 맞아? 15퍼센트만 사용이 허가돼 있다며?"

광호가 목이 타는 듯 커피 한 모금을 마시고 말을 이었다.

"나도 처음 듣는 말이라서 밤새 찾아봤는데, 치아미백할 때 과산화수소 농도를 몇 퍼센트로 해야 한다는 기준 같은 건 어디에도 없어. 그건 그냥 의사의 권한이야. 게다가 교과서에는 35퍼센트 농도를 사용하라고 적혀 있어."

광호가 교과서를 복사한 자료를 내밀었다. 경준이 자세히 들여다봤다.

"그럼 15퍼센트만 허가돼 있다는 말은 도대체 어디서 나온 거지?"

경준이 이해가 가지 않는다는 표정으로 다시 물었다.

"나도 그게 너무 답답해서 여기저기 다 뒤져봤는데, 짐작 가는 게 하나 있어."

"빨리 말해봐."

"과산화수소는 액체라서 줄줄 흘러. 그런데 이게 피부에 닿으면 화상을 입거든. 그래서 과산화수소를 연마제라는 분말과 반죽해서 흐르지 않는 젤 형태로 만들어. 그걸 치아 표면에 얹어놓으면 지아가 하얗게 되는 거야."

"그게 치아미백의 원리야?"

"응, 맞아. 그런데 이걸 매번 반죽하는 게 귀찮으니까 아예 젤 형태로 만들어놓은 완성품을 수입하고 있더라고."

광호가 핸드폰을 꺼내 주사기 모양의 수입 치아미백제 사진을 보여주었다.

"수입 치아미백제는 종류가 수십 가지인데, 우리나라에는 한 가지 제품만 들어오고 있어."

"혹시 그게 15퍼센트짜리야?"

경준이 물었다.

"맞아. 뉴비오텍이라는 회사에서 수입하는 건데, 이게 마침 15퍼센트 농도 제품이야. 아마도 이걸 보고 15퍼센트만 허가돼 있다고 말하는 거 같아."

"기가 막힌다. 근데 어쨌든 의료용이 맞는데, 왜 공업용이라고 하는 거야?"

광호가 다시 커피를 몇 모금 마시고 말을 이었다.

"과산화수소는 표백 효과가 있어서 염색공장에서 많이 쓰거든. 그때 35퍼센트 농도를 쓰나 봐. 그걸 가지고 공업용이라고 하는 거 같아. 공장에서 35퍼센트를 쓰니까 35퍼센트는 무조건 공업용이다, 이거지."

"그래서 공업용이라고 했다고? 이런, 미친."

경준은 이제야 상황이 어떻게 돌아가는지 알겠다는 표정이었다.

"아니, 그럼 공장에서 수돗물을 사용하니까 어젯밤에 내가 먹은 건 공업용수로 끓인 라면이 되는 거야?"

"맞아. 그런 셈이지."

넋이 빠져 있던 광호가 힘없이 웃었다. 그리고 잠시 침묵이 이어졌다.

"이거 확실히 이상해."

경준이 먼저 침묵을 깼다.

"국회의원이 어제 낮에 보도자료를 내고 저녁에 뉴스가 터졌는데, 협회가 오늘 아침 조간신문에 1면 광고를 냈어. 1면에 광고를 내려면 적어도 일주일 전에 계약하지 않으면 불가능해. 그리고 협회에서 호외도 뿌렸다며? 그걸 어젯밤에 작업해서 오늘 아침에 뿌리려면 자체 인쇄소를 가진 종합일간지가 아니면 불가능. 협회신문은 일주일에 한 번 나오는 거잖아. 인쇄도 아마 외부에 맡길 걸."

다시 잠깐 생각에 빠졌던 경준이 눈을 가늘게 뜨며 말했다.

"이거 작전 같아. 냄새가 나."

바로 그날 밤 방영된 MBS의 시사고발 프로그램 '피디파일'의 제목은 '의료인가 상술인가'였다. 일부 진료비가 저렴한 치과들이 환자를 유인하기 위해 진료비가 60만 원에 달하는 치아미백 시술을 10만 원에 제공했다는 내용이었다. 이렇게 헐값에 치아미백 시술을 할 수 있었던 것은 원가가 환자 한 명당 10원도 안 되는 공업용 과산화수소를 사용했기 때문이라고 했다. 그러고는 공업용 과산화수소를 사용하면 어떤 끔찍한 부작용이 생길 수 있는지를 자극적인 화면으로 한참이나 소개했다. 한국치과협회의 김정민이 전문가로 등장해 공업용 과산화수소의 위험성을 강조하고 또 강조했다. 한 시간 동안이나 방영된 피디파일의 결론은 '진료비가 저렴한 병원은 문제가 있는 곳이니 조심하라'로 요약되었다. 자료 화면으로 광호의 병원 간판이 아주 살짝 모자이크 된 채로 나갔다.

"내가 냄새가 난다고 했지?"
방송을 본 경준이 광호에게 전화를 걸었다.
"경준아, 나 병원에 현수막 걸어야겠어."
"무슨 현수막? 공업용 아니라고 쓰려고?"
"아니. 'MBS 피디파일에 방영된 병원'이라고 적어서 걸어놓게. 맛집들처럼."
"야, 인마. 지금 농담이 나와?"

경준이 어이가 없어 헛웃음을 터뜨렸다.

"이건 확실히 작전이야. 저런 시사고발 프로그램 한 편 만
드는 데 사전 작업만 몇 달이 걸려. 하루 만에 뚝딱 만들 수 있
는 게 아냐. 이건 분명히 기획된 거야. 내가 좀 알아볼 테니까
너는 엉아만 믿고 맘 단단히 먹어. 잘 버티고 있어야 돼."

경준은 광호가 걱정됐다. 광호는 마음속에 폭풍이 몰아칠
수록 겉으론 더 태연해 보이는 친구다.

평행선

경준이 불법 치아미백 시술 의혹이 왜곡되었을 수 있다는 기사를 써보았지만 아무도 귀 기울여주지 않았다. 옆구리가 터져버린 베개 속의 깃털처럼 이미 가짜 뉴스는 주워 담을 수 없을 만큼 온 사방에 날아가 퍼져버렸다. 보건복지부 장관은 국회의원의 요구대로 경찰에 수사를 의뢰했다. 얼마 지나지 않아 광호에게 경찰의 우편물이 날아왔다. 불법 의료 시술을 한 혐의에 대해 조사가 필요하니 경찰서로 출두하라는 내용이었다. 광호는 살면서 경찰서에 조사를 받으러 갈 일이 생길 줄은 몰랐다. 게다가 범죄 혐의자의 신분이 되는 것은 상상도 못해본 일이었다. 경찰이 보낸 우편물 봉투에는 '출석요구서

재중'이라는 글씨가 너무도 무심하게 찍혀 있었다.

광호는 다시 홍재를 만났다. 긴장한 기색이 역력한 광호에게 홍재가 몇 가지 주의사항을 알려주었다.

"어차피 경찰은 결론을 이미 정해놨을 거야. 걔네들한테는 조사해서 입건시키는 게 업무 실적이거든. 그래서 자기들한테 필요한 대답을 들으려고 유도할 거야. 그러니까 최대한 간결하고 짧게 대답해야 돼."

"불법 의료 시술이 아니라는 자료를 준비해서 보여주면 경찰들도 오해를 풀지 않을까?"

"아이고오, 광호야. 경찰은 그런 데가 아니야. 하아……."

홍재의 핀잔에 광호가 멋쩍게 웃었다.

"설득하고 이해시키려고 하지 말고, 그들이 원하는 대답을 해주지 않는 것만 목표로 삼아야 돼. 알겠지?"

광호는 공정거래위원회에서 활약하던 홍재의 모습을 떠올렸다.

'짧고 간결하게, 원하는 대답을 해주지 않는다.'

광호는 몇 번이고 속으로 되뇌었다.

경찰조사는 영화에서 본 장면들과 사뭇 달랐다. 어두운 조명의 조용한 방에서 테이블 하나를 사이에 놓고 경찰과 마주 앉는 것이 아니었다. 조사 장소는 여러 명의 경찰이 근무하는 사무실이었다. 조사를 위한 별도의 좌석도 없었다. 담당 경찰이 앉은 책상 앞에 접이식 의자를 가져다놓고 앉았다. 1인용 사무용 책상이다 보니 경찰의 맞은편에 앉은 광호는 책상 뒷면에 막혀 다리를 뻗을 수도 없었다. 게다가 컴퓨터 모니터에 가려 경찰의 얼굴은 잘 보이지도 않았다.

인적사항을 묻는 기본적인 질문이 끝나자 담당 경찰이 본격적인 질문을 시작했다.

"왜 공업용 과산화수소를 치아미백 시술에 사용했습니까?"

"공업용 과산화수소를 사용한 적 없습니다."

광호가 담담하게 대답했다.

"사용한 과산화수소가 공업용이라는 사실을 몰랐습니까?"

"제가 사용한 것은 공업용 과산화수소가 아닙니다."

"공업용 과산화수소라는 증거를 저희가 다 가지고 있어요. 거짓말하셔도 소용없어요."

도대체 무슨 증거를 가지고 있다는 걸까, 묻고 싶었다. 하지만 홍재의 충고를 떠올렸다.

"공업용 아닙니다."

"좋아요. 불법 치아미백 시술을 한 이유가 무엇입니까?"

"불법 시술한 적 없습니다."

광호가 한숨을 크게 한 번 쉬고 대답했다.

"공업용 과산화수소로 하는 게 불법이지, 뭐가 불법입니까?"

"교과서에 나오는 시술법입니다."

"교과서에 나온다고요? 말이 됩니까?"

"치과대학에서 교수님들에게 수업시간에 직접 배운 시술법입니다."

"그 말 책임질 수 있어요? 교수한테 배웠다고요?"

"네."

"잠깐만 기다리세요."

경찰이 말없이 키보드를 한참 두드리더니 핸드폰을 들고 파티션으로 가려진 뒷 공간으로 갔다. 어디론가 전화를 거는 듯했다. 경찰서 내부를 괜히 둘러보며 긴장된 마음을 누그러뜨리고 있던 광호의 귀에 '회장님'이라는 단어가 살짝 스쳐갔다. 파티션 뒤 경찰의 목소리였다. 광호는 모든 신경을 경찰의 목소리에 집중했다. '교과서'라는 단어가 들렸고, '공업용'이라는 단어도 들렸다. 조심스럽게 속삭이던 경찰의 목소리가 조금씩 마음을 놓은 듯 보통의 목소리가 되었다. '교과서에 나온다는데', '공업용이 아니라는데', '대학에서 배웠다는

데' 등의 말이 들려왔다.

"알겠습니다, 회장님. 일단 제가 좀 더 압박해보겠습니다."

마지막 말은 확실하게 들렸다. 경찰은 누군가에게 조사 내용을 코치 받고 있었다. 그리고 그 누군가를 '회장님'이라고 불렀다. 순간 광호는 누군가의 얼굴을 떠올렸다.

자리로 돌아온 경찰은 이전과 달리 신경질적인 목소리로 질문을 이어갔다.

"치아미백을 왜 10만 원에 했어요?"

"그냥 그렇게 했습니다."

광호는 딱히 다른 대답을 할 수 없었다. 치아미백 시술에 사용되는 몇 가지 재료들은 원가만 따지면 몇 백 원도 되지 않는다. 치과의사의 행위료만 따지면 되는 진료였다. 정말로 '그냥' 그 가격이면 적당한 것 같았다.

"그냥이요? 대답을 좀 성의 있게 하시죠."

경찰이 목소리를 높이려다 꾹꾹 참는 표정으로 말했다.

"선생님, 정말 별다른 이유 없습니다. 그냥 그 가격이면 적당한 거 같아서 했습니다. 그 가격에 하면 안 되는 이유라도 있습니까?"

경찰이 갑자기 키보드를 서너 차례 거칠게 내리쳤다.

"아이 씨, 이건 왜 이렇게 자꾸 말을 안 들어. 에이 씨. 진작에 고쳐달라고 하니까, 에이."

경찰은 키보드에 대고 화를 냈다. 광호의 어깨가 조금 움츠러들었다. 경찰이 분명 겁을 주려고 할 것이라는 홍재의 말이 생각났다.

"터무니없는 가격으로 환자들을 유인하려고 한 거 아니에요?"

"아닙니다."

광호가 짧게 대답할 때마다 경찰은 들릴 듯 말 듯 코웃음을 쳤다.

"과산화수소는 어디서 구입했습니까?"

"좋은덴탈에서 주문해서 쓰고 있습니다."

"예전에는 어디서 샀어요?"

"예전이요? 아…… 몇 년 전에는 해성덴탈에서 사서 쓰다가 거래가 끊겨서 좋은덴탈에서 같은 걸 구입해서 썼습니다."

협회의 클린업체 캠페인 때문에 공동구매가 끊겨 거래업체가 한 번 바뀌었다. 광호는 경찰이 그걸 어떻게 알고 있는지 의아했다.

"해성덴탈에서 구입하기로 결정한 건 누굽니까?"

"접니다."

"그걸 다른 원장들한테도 쓰라고 시켰지요?"

"시키는 게 아니라…… 그냥 공동구매를 하면서 업체를 선정한 겁니다."

"그러니까 그걸 권광호 원장님 본인이 정한 게 맞냐고요?"

"네. 다른 원장님들 의견 취합해서 제가 결정했습니다."

"그럼 원장님이 시킨 게 맞네. 다른 원장들은 불법적인 시술은 절대 할 수 없다고 반대했다면서요?"

홍재의 말이 맞았다. 경찰은 이미 결론을 정해놓고 있었다.

"아닙니다."

광호는 더 이상 아니라고 밖에는 달리 할 말이 없었다.

지루한 평행선을 세 시간 정도 달렸다. '아닙니다'만 잔뜩 적혀 있는 진술서의 모든 페이지에 광호의 지장이 찍혔다. 완성된 조서를 들고 경찰이 잠시 자리를 비웠다. 책상 가장자리에 잔뜩 쌓여 있는 문서들이 눈에 들어왔다.

'홍영한? 이게 뭐지?'

책상 이곳저곳을 훑던 광호의 눈에 낯익은 이름이 띄었다. '참고인 진술서'라는 제목이 적힌 문서였다. 그 아래 제목은 '불법 치아미백 시술 사건'이었고, 가장 아래에 '참고인 홍영한'이라고 적혀 있었다.

'해성덴탈 홍영한 과장······!'

기억을 더듬던 광호의 머릿속이 반짝했다. 홍영한은 몇 년 전 재료 공동구매를 담당했던 해성덴탈의 영업사원이었다.

공동구매 실적 덕분에 과장으로 승진까지 했다며 광호에게 고마워하던, 그러나 치과협회의 압박 때문에 어쩔 수 없이 거래를 끊게 됐다며 미안해 어쩔 줄 몰라 하던 바로 그 홍영한이었다.

조사를 마치고 나온 광호는 핸드폰에 저장된 홍영한의 번호를 검색했다. 몇 번을 망설이다 결국 통화 버튼을 누르지 못했다. 하지만 너무 궁금했다. 경찰의 조사 과정을 코치해주던 이름 모를 '회장님'은 누구인가. 수년 전 과산화수소의 거래처를 바꿨던 사실을 경찰이 어떻게 알고 있는가. 바로 그 거래처에서 일하며 광호와 거래했던 홍영한의 이름이 왜 경찰서에서 발견됐는가. 무언가 희미한 연결선이 광호의 머릿속에 그려졌다. 홍영한에게 메시지를 남겨야겠다고 생각하고 메신저톡을 열었다. 대화창을 열기 위해 홍영한의 프로필을 누른 광호는 곧 메시지를 보낼 필요가 없겠다고 생각했다. 홍영한의 프로필 사진에는 뉴비오텍의 사원증이 크게 찍혀 있었고, 상태 메시지는 '새로운 출발'이었다. 광호는 메신저톡 창을 닫고 경준의 번호를 눌렀다.

광호는 경찰서를 나와 곧장 광화문에 있는 경준의 회사 앞으로 왔다. 마중 나와 있던 경준이 회사 건물 안의 카페로 광호를 안내했다.

"그러니까 네 말은, 뉴비오텍이 자신들이 수입하는 미백제를 많이 팔기 위해서 멀쩡한 치아미백 시술을 불법으로 만들었다는 거지?"

경준이 광호에게 들은 이야기를 정리하기 위해 물었다.

"맞아. 기존 치아미백 시술법이 불법인 것처럼 여론이 형성되면 치과의사들은 어쩔 수 없이 치아미백제 완성품을 사서쓸 수밖에 없어. 그런데 그걸 수입하는 데가 뉴비오텍밖에 없거든. 좀 전에 뉴비오텍 주가를 검색해봤는데, 치아미백 뉴스가 나오기 전날에 상한가를 치고 그 뒤로 쭉 상승이야."

"흠. 어떻게 주가를 검색해볼 생각을 했어?"

경준은 광호가 평소 주식을 하지 않는다는 사실을 알고 있었다.

"예전에 비슷한 사건이 있었거든. 치과에서 치아 깎는 드릴을 핸드피스라고 해. 그런데 핸드피스 오염 상태가 심각하다는 뉴스가 뜬 거야. 다음 날부터 핸드피스 소독기가 불티나게 팔렸어. 환자들이 병원에 와서 핸드피스 제대로 소독한 거냐고 난리를 치니까. 그때 핸드피스 소독기 회사 주가가 엄청나게 올랐거든. 나중에 그 뉴스를 작전 세력들이 작업한 거라는 소문이 치과계에 돌았었어."

"그럴듯해. 그런데 말이야. 왜 하필 너야? 뉴비오텍이 왜 굳이 너를 타깃으로 삼았을까?"

경준은 생각을 정리하다 잠시 막힌 듯했다.

"나를 타깃으로 삼은 건 김재형 회장일 거야. 김재형이 공정위 사건 때문에 요즘 치과계에서 입장이 많이 난처하거든. 그게 다 나 때문이라고 생각했겠지. 블랙리스트 제일 위에 내 이름이 있었다잖아."

"경찰이 통화한 회장님이라는 사람이 김재형일 거라고 생각하는 거지?"

"치아미백에 대해서 잘 알면서 회장님이라고 불리는 사람. 난 김재형밖에 안 떠올라. 그리고 그 사람이라면 충분히 이런 일 벌이고도 남아."

"김재형의 복수심과 뉴비오텍의 이익이 결탁했다?"

경준이 다시 물었다.

"맞아. 그리고 홍영한이 그 사이에 연결고리가 됐을 거야."

"그 영업사원은 왜?"

"홍영한은 나 때문에 회사에서 엄청 곤란한 입장이 됐어. 그런데 이번에 오히려 더 큰 회사에 취직을 했고, 이번 사건에 대해서 경찰서에 나와 진술을 했어. 경찰이 하는 말로 봐선 좋은 말을 한 거 같진 않아."

"너를 팔아서 그 대가로 취업을 했다?"

광호의 표정이 쓸쓸해졌다.

"그렇게 믿고 싶진 않아. 그 친구도 이용당했겠지."

경준의 생각은 달랐다. 하지만 굳이 광호에게 말하지는 않았다.

"몇 가지 더 알아볼 필요가 있어. 무엇보다 이 사건을 제일 먼저 터뜨린 건 김양조 의원이야. 김재형과 뉴비오텍이 연관돼 있다는 걸 밝힌다고 해도, 김양조와의 연결고리를 찾지 못하면 우리는 아마 피해망상 환자 취급을 받을 거야."

경준은 사건의 스케일이 커지는 것을 느꼈다. 커피 탓인지 심장이 조금 빠르게 뛰었다.

안개

　광호는 이후로도 몇 차례 더 경찰에 불려갔다. 똑같은 질문과 똑같은 대답이 반복되었다. 광호네 병원의 실장도 경찰서에 불려갔다. 경찰의 호출을 받은 실장의 얼굴엔 두려움이 가득했다. 실장이 잘못한 일은 하나도 없었다. 하지만 경찰서라는 곳은 그런 곳이었다. 광호는 경찰서에 다녀온 실장에게 며칠 휴가를 줬다. 10년 동안 온갖 일을 함께 겪으면서 옆을 지켜준 고마운 사람에게 결국 몹쓸 일을 겪게 하고 말았다.

　동네치과네트워크의 진료 봉사활동을 주도하던 회원들도 경찰에 불려갔다. 경찰은 똑같은 질문을 수없이 반복하며 밤 늦게까지 회원들을 경찰서에 붙잡아두었다. 치과의사들은 세상 풍파를 그리 많이 겪어본 사람들이 아니다. 임신 초기이던 회원 한 명이 조사를 받고 온 지 2주 만에 아이를 유산했다. 유산 소식을 들은 경찰은 한동안 아무도 부르지 않는가 싶더니 이번엔 광호의 병원을 압수수색했다. 당장 진료에 필요한 재료들과 환자들의 차트를 쓸어가는 통에 병원이 엉망이 되었다. 그날이 첫 출근이었던 새 직원 둘이 다음 날 문자메시지만 남기고 출근하지 않았다. 며칠 병원 문을 닫아야 했다.

"원장님, 이제 과산화수소는 소독용 3퍼센트짜리밖에 납품을 못해드려요."

거래하는 재료업체의 영업사원이 미안한 표정으로 말했다. 회사에도 압수수색이 들어와 고농도 과산화수소는 모두 폐기처분하기로 했다고 전했다. 광호도 더 쓰고 싶은 마음이 없었다. 대신 최신 수입 치아미백제를 가져왔다며 소개했다. 요즘 치과의사들은 모두 이걸 쓴다며 얼마나 좋은 제품인지를 강조했다.

'뉴비오텍 화이트덴탈 15퍼센트.'

뉴비오텍이 수입하는 바로 그 치아미백제였다.

광호가 경찰조사에 대응하는 동안 경준은 김재형과 김양조의 관계를 파고들었다. 둘의 관계가 매우 가깝다는 사실은 쉽게 알 수 있었다. 김재형이 치과협회신문을 통해 제 입으로 떠벌려왔기 때문이었다. 김재형은 자신이 여당의 유력 정치인과 가까운 관계임을 과시하는 데 지면을 아끼지 않았다. 협회장 후보단 출정식에도 김양조가 직접 참석해 지지연설을 했다. 현역 국회의원이 치과협회장 선거에서 지지연설을 한 사례는 이전에 없었다. 취임 후에도 김재형은 끊임없이 김양조와의 스킨십을 자랑했다. '국회 담금질 계속된다 – 김양조 의원실 방문', '치과계 현안 알리기 여념 없다, 김양조 의원 적극 화답', '김양조 의원 의정활동 우수의원 1위 선정 축하 방문', '김양조 의원 출판기념회, 김재형 회장 축사' 등의 기사가 넘쳐났다.

일반 종합 일간지에도 김재형과 김양조의 긴밀한 관계를 알 수 있는 기사가 났었다. 기사에 따르면 김양조가 소속 당의 최고위원으로 출마하자 김재형은 전국의 치과의사에게 협회 명의의 공문을 발송했다. 최고위원 경선에 모바일 선거인단으로 참여해 김양조 의원을 지지해줄 것을 요청하는 내용이었다. 그러나 치과의사들의 정치색은 대체로 김양조가 소속된 당에 대해 비판적이었다. 당연히 반발이 생겼고, 김재형은 결국 요청을 철회했다.

경준은 뉴비오텍에 대해서도 조사했다. 광호의 말대로 국정감사에서 불법 치아미백 이슈가 터지기 바로 전날 뉴비오텍의 주가는 상한가를 쳤다. 수상한 움직임이었다. 경준은 당시 증권시장에 돌았던 소위 '찌라시'들을 모두 수집했다. 광호의 예상이 맞았다. 여러 찌라시가 공통적으로 뉴비오텍의 주가 상승을 예상하고 있었다.

'지아미백제를 수입하는 국내 의료기기 제조입체에 호재 있을 예정. 불법 치료 행위 이슈로 한동안 관련 시장 독점할 것으로 예상됨.'

김재형과 뉴비오텍의 연결고리도 찾아야 했다. 경준은 검색창에 두 키워드를 한꺼번에 넣어보았다.

'브라보!'

경준이 김재형과 뉴비오텍이 동시에 등장하는 기사를 찾아냈다. 한국치과협회가 개최하는 세계 최대 규모의 치과기자재 전시행사인 CIDEX의 메인 스폰서 계약을 뉴비오텍이 따냈다는 기사였다. 당시 CIDEX 조직위원장이 바로 김재형이었다.

광호와 경준이 안개를 조금씩 헤쳐 나가는 동안 김양조 의원은 승승장구하고 있었다. 이전 정권에서 임명된 보건복지부 장관이 전염병을 제대로 관리하지 못한 책임을 지고 자진 사퇴했다. 대통령은 후임 장관 후보자로 김양조를 지명했다. 의대 교수 출신의 4선 의원 김양조는 전부터 새 정권의 보건복지부 장관 1순위로 거론되어 왔다. 이변이 없는 한 무난히 인사청문회를 통과할 것으로 보였다.

금연

송명수는 지난번 권광호에게 녹취 파일을 보낸 후 잔뜩 몸
을 사리며 지내왔다. 송명수가 제보했다는 사실을 김재형이
알게 된다면 어떻게든 보복할 것이 뻔했기 때문이다. 김재형
이 임플란트업체 대표들을 협박하는 대화가 고스란히 녹음
된 파일은 아마도 공정거래위원회에서 결정적인 증거자료로
쓰였을 것이다. 송명수는 녹취 파일을 문자메시지에 첨부해
서 보냈다. 녹음 장소와 시간, 참석자들의 이름과 함께 당부
의 메시지도 남겼다.

'김재형에게 진 빚이 있어 이렇게 선물을 보냅니다. 회신하
시면 안 됩니다. 제가 누군지 알려고도 하지 마시고, 제 번호

를 저장하지도 마세요. 그렇게 하지 않으면 저는 큰 곤경에
처할 것입니다. 부디 승리하십시오.'

권광호는 두 가지 부탁을 모두 들어주었다. 그는 회신하지
않았고, 승리했다.

그러나 김재형은 역시 당하고 사는 인물이 아니었다. 송명
수는 불법 치아미백 시술 뉴스를 보자마자 김재형의 짓이라
고 생각했다. 국회의원의 의혹 제기, 언론의 왜곡된 보도, 정
부 기관의 괴롭히기로 이어지는 과정이 비멸균 임플란트 사
건으로 자신이 당한 일과 똑같았다. 뉴스에 불법이라고 소개
된 치아미백 시술법은 치과의사들이 수십 년 동안 사용해오
던 일반적인 시술법이었다. 말도 안 되는 뉴스였지만 업계 사
람들은 모두 침묵했다. 비멸균 임플란트 사건 때 동종업계 누
구도 송명수를 도와주지 않았던 것처럼. 등장인물마저 같았
다. 김양조가 의혹을 제기했고, 뉴비오텍이 반사이익을 얻었
다. 뉴비오텍이 높은 로열티를 제시하고 치아미백제의 국내
수입을 독점한 것은 업계 사람들이라면 다 알았다. 비멸균 임
플란트 사건처럼 불법 치아미백 시술 사건도 뉴비오텍의 작
품이라는 것 또한 모두가 아는 비밀이었다. 뉴비오텍은 김재
형이 한국치과협회의 자재이사를 맡고부터 승승장구해왔다.
뉴비오텍의 대표가 김재형의 치과대학 동기이자 절친한 친

구였기 때문이었다.

　김재형과 김양조의 관계는 어떻게 맺어졌을까. 둘 사이엔 학연도 지연도 없었다. 함께 옥상에서 맞담배 피는 사이는 아닐 테니 흡연도 아니다. 학연, 지연, 흡연이 아니라면 남은 것은 금(金)연. 돈으로 맺어진 인연일 것이다. 김재형은 권광호를 괴롭히는 데 성공했다. 뉴비오텍도 치아미백제 시장을 독점할 것으로 보인다. 그러나 김양조는 그다지 얻은 것이 없었다. 국정감사에서 두각을 나타내는 것 정도는 4선의 유력 정치인 김양조에게 큰 메리트가 아니다. 김양조가 국민건강을 너무나 염려해서 그런 일을 벌이는 위인이 아니라는 것은 몸소 겪어 알고 있었다. 돈이 오갔을 거라고 송명수는 확신했다. 학연, 지연, 흡연, 금연 중에 끝까지 가는 것은 금연밖에 없다는 게 밑바닥부터 살아 남아온 송명수의 지론이었다.

　김양조가 보건복지부 장관 후보자로 지명되었다는 뉴스를 본 송명수는 길게 자란 머리를 한 번 쓰다듬었다.
　'국민을 불안에 떨게 한 김양조 의원은 즉각 사퇴하라.'
　붉은 글씨의 현수막을 걸고 꽁꽁 언 아스팔트 바닥에 무릎을 꿇고 앉아 바리깡으로 직접 머리를 밀었던 날의 기억은 지금까지도 꿈에 나와 송명수를 괴롭혔다. 하얀 두피가 온통 다

드러날 때까지 김양조 본인은 물론이고 보좌관 한 사람도 나와보지 않았다. 서늘한 눈발이 두피에 내려앉을 때는 바늘이 꽂히는 것처럼 따가웠다.

세상이 달라졌어도 저런 놈이 잘나가는 건 똑같구나 하는 생각에 속이 뒤틀렸다. 국민 대다수는 그를 지지하고 있었다. 그동안 국민의 편에 서서 의사들의 집단이기주의에 맞서는 이미지를 많이 연출해왔기 때문이다. 의원직에서 사퇴하게 만들지는 못했지만, 이렇게 장관이 되는 꼴을 보고만 있을 수는 없다.

'네가 돈 먹은 거 내가 찾아드릴게요. 기다리세요.'

송명수는 인터넷 창을 열고 '국회의원'과 '뇌물'이라는 단어를 함께 검색해보았다. 여러 가지 사건들에 대한 기사가 무수히 검색되었다.

'국회의원이라는 놈들이 많이도 받아 드셨나 보네.'

코웃음을 한 번 쳤다. 이번엔 연관 검색어인 '불법 정치자금'이란 단어를 검색해보았다. 중앙선거관리위원회에서 국회의원 후원금 내역을 공개한다는 기사가 눈에 띄었다. 중앙선거관리위원회 홈페이지에는 정말로 국회의원들이 누구에게서 얼마의 후원금을 받았는지를 정리한 엑셀 파일이 공개되어 있었다. 파일을 다운 받아 김양조 의원의 내역을 열었다.

'그럼 그렇지!'

과연 김재형의 이름이 있었다. 날짜도 국정감사 보름 전이었다.

'딱 걸렸네. 뭐야, 5억씩이나 줬어?'

잠시 명탐정이 된 기분을 느낀 송명수의 눈이 휘둥그레졌다가 곧 원래대로 돌아왔다. 5억 원이 아니라 500만 원이었다. 알고 보니 국회의원에게 보낼 수 있는 후원금의 상한액이 500만 원인 모양이었다. 김이 샜다. 시기가 수상하긴 하지만 4선의 유력 국회의원이 겨우 500만 원을 받고 김재형의 부탁을 들어주었을 리는 없었다. 하지만 어쨌든 돈을 받긴 받았다.

'그래, 여기서부터 하나씩 찾아보는 거지 뭐.'

송명수는 핸드폰을 꺼내 권광호의 전화번호를 눌렀다. 경쾌한 통신사 로고 멜로디가 들렸다. 이번엔 메시지가 아니었다.

광호는 송명수와 한 시간가량 통화했다. 녹취록을 제보해준 것에 대한 감사 인사에, 그는 오히려 자신의 복수를 대신해줘서 고맙다고 했다.

"한국치과협회의 한 해 예산이 100억 원이에요. 그런데 공정위 과징금이 50억 원이에요. 아마 김재형은 눈앞이 노래졌을 겁니다. 하하하. 지금은 현 회장이니까 다들 입 다물고 있지만, 임기 끝날 때쯤 되면 그 돈 김재형한테 토해내라고 집

안싸움 제대로 날 테니까 한 번 지켜보세요."

송명수는 진심으로 통쾌해 하는 것 같았다. 사연을 들어보니 그러고도 남을 만했다. 광호도 그 사건이 기억났다. 비멸균 임플란트가 유통되었다면 사용하는 치과의사들이 가장 먼저 알았을 텐데, 한참 후에야 폭로되었다는 사실이 뭔가 이상했다. 소독되지 않은 임플란트를 사용하면 즉시 염증이 생겨 수술이 실패한다. 사용하는 치과의사들 사이에서 곧바로 난리가 났을 것이다. 그러니 몇 달 동안 문제없이 유통되다가 나중에 밝혀지는 일은 있을 수가 없었다. 그 사건이 김재형과 김양조, 뉴비오텍의 합작품이라는 이야기를 듣자 광호는 소름이 돋았다.

송명수가 설명한 불법 치아미백 사건의 배경은 광호가 추측한 것과 거의 일치했다. 김재형이 공정위 과징금 처분에 대한 보복으로 권광호와 동네치과네트워크 회원들을 손봐주려 했고, 거기에 뉴비오텍이 불법 치아미백 시술이라는 그럴듯한 소재를 제공했다. 곧 김재형이 김양조에게 가짜 뉴스를 주었고 김양조는 가짜 뉴스를 국정감사에서 터뜨렸다. 이 과정에서 김재형은 복수를 했고 뉴비오텍은 대박을 터뜨렸다. 그런데 김양조가 얻은 이익은 없다. 따라서 김재형이 김양조에게 돈을 갖다 바쳤을 것이라는 게 송명수가 한 추리의 결론이었다.

김재형과 뉴비오텍의 대표가 친구관계라는 것과 더불어 김재형과 김양조의 사이 또한 매우 긴밀하다는 것은 경준의 조사로 광호도 알고 있었다. 몇 년 전에도 이미 셋이 한 팀을 이뤘었다니 심증은 더욱 확실해졌다. 하지만 500만 원이 입금된 후원금 내역은 심증을 뒷받침하기엔 너무 약한 연결고리였다.

"원장님, 500만 원은 하나의 뭐랄까…… 꼬리를 밟혔다고나 할까요? 그런 거예요. 제가 밑바닥부터 시작해서 여기까지 온 잡놈입니다. 원장님처럼 곱게 살아온 분들은 잘 모르시지만 저는 이런 일을 많이 봤거든요. 돈 받지 않고 이런 걸 도와주는 놈을 살면서 본 적이 없어요. 김양조는 분명히 돈 받고 도와준 거예요. 이건 제 말이 맞아요. 믿어보세요."

후원금 내역 속의 김재형이라는 이름이 동명이인일 수도 있지 않겠느냐는 광호의 말에 송명수가 핀잔을 주듯 대답했다.

"송 사장님은 돈 안 받고 저 도와주셨잖아요. 저번에도 그렇고 이번에도, 두 번이나요."

광호가 웃으며 받아쳤다.

"하하하. 그게 또 그렇게 되나. 아이, 거 참. 내가 이래서 서울대 나온 놈들, 아니 분들을 싫어해. 하하하."

송명수는 유쾌한 사람이었다.

'그래, 웃자. 세상이 끝난 것도 아닌데 뭐.'

전화를 끊고 몇 분 지나지 않아 이메일이 도착했다. 송명수가 보낸 엑셀 파일이었다. 광호는 파일을 열어 잠시 훑어본 후 경준의 번호를 눌렀다.

브로커

    광호로부터 전해 들은 송명수의 이야기는 지금까지 경준이 찾아낸 내용들과 일치했다. 사건의 배경에 대한 추론도 경준의 생각과 같았다. 결국 핵심은 돈이다. 국정감사에서의 폭로가 돈을 받은 대가였다는 것을 증명해내야 했다. 그런데 500만 원은 너무 작은 금액이다. 게다가 합법적인 정치자금 후원이었다. 더 큰 금액이 비공식적으로 오간 흔적을 찾아내야만 한다.

    경준은 김재형과 관련된 모든 기사를 뒤졌다. 광호에게 들은 대로 김재형은 '덤핑치과네트워크 척결'을 핑계로 치과의사들에게 성금을 걷었다. 치과기자재업체들도 성금 모금에 동참했다. 치과계 분위기로 보아 사실상 갈취나 다름없었을 것이다. 기사로 언급된 성금 모금 액수를 합해보니 50억 원이 넘었다. 검색을 계속하다 수상한 제목의 기사를 발견했다.

'김제형 회장 12억 원 횡령 의혹, 네트워크 척결성금 사용처도 오리무중.'

횡령이란 단어에 본능적으로 시선이 멈췄다. 그런데 제목을 클릭했더니 삭제된 기사라고 나왔다. 경준의 구미가 당겼다. 제목도 자극적인데 삭제까지 되었다니 더욱 수상했다. '김재형', '횡령', '성금' 세 단어를 조합해 검색해보았다.

"브라보!"

경준은 원하던 것을 얻으면 '브라보'라고 중얼거리는 버릇이 있었다. 누군가 기사가 삭제되기 전에 블로그에 복사해놓은 것을 발견한 것이다. 기사 내용이 꽤 놀라웠다.

덴탈투모로우

김정식 기자

**김재형 회장 12억 원 횡령 의혹,
네트워크 척결성금 사용처도 오리무중**

김재형 회장이 거액의 현금 사업비를 지출하고도 사용처를 소명하지 않아 논란이 되고 있다. 지난달 초 공개된 협회의 작년도 회계감사 보고서에 따르면 김재형 회장이 각 위원회별로 할당된 예산을 이사회의 승인도 거치지 않고 현금으로 인출해 사용한 것으로 보인다. 위원회마다 적게는 수천만 원, 많게는 억대에 이르기까지 총 12억 원의 금액이 현금으로 인출되었다. 문제는 이 금액의 사용처가 불분명하다는 데 있다. 김재형 회장은 감사단이 이 금액의 사용처를 묻자 "군자금의 사용처를 공개하면 적군들에게 전력이 노출될 수 있기 때문에 관련 자료를 모두 삭제했다"고 대답한 것으로 전해진다. 이에 감사단 중 일부는 "덤핑치과네트워크 척결에 사용했다고 하면 모두 면죄부가 주어지는 것이냐"며 소명할 것을 강력히 요구했지만 김재형 회장은 비공개 입장을 고수했다고 한다. 이에 문제를 제기한 감사위원은 "협회비를 횡령한 것이나 다름없다"며 감사 보고서를 승인할 수 없다고 마지막까지 주장한 것으로 알려졌다.

한편 협회가 '덤핑치과네트워크 척결성금 모금'을 몇 달째 벌이고 있지만 모금 내역은 물론 그 사용처마저도 전혀 공개하지 않는 것에 대한 논란도 진행 중이다. 일각에서는 아예 계좌 자체가 존재하지 않는다는 주장도 제기되고 있다. 아무도 협회의 성금 모금 계좌의 계좌번호를 본 적이 없다는 것이다. 각 지부에서부터 회람을 돌리며 현금을 봉투에 담는 방식으로 성금 모금이 이루어졌고, 치과기자재업체들의 성금도 전액 현금으로 받았다는 후문이다. 협회는 기부금 영수증도 발급하지 않은 것으로 알려졌다.

모금 내역뿐만 아니라 사용처마저도 전혀 공개된 바가 없다. 그럼에도 불구하고 김재형 회장은 지부 행사에 참여해 "관군의 실탄이 무척 부족하다"며 추가적인 성금 모금을 독려하고 있는 실정이다. 이에 일부 회원들은 "덤핑치과를 없앤다고 하니 울며 겨자 먹기로 성금 모금에 참여하고는 있지만, 수십억 원씩이나 쓸 일이 뭐가 있는지 이해가 잘 안 된다"는 불만을 토로하기도 했다.

놀라운 뉴스였다. 1년 예산이 100억 원 정도인 조직의 수장이 전체 예산의 10퍼센트가 넘는 12억 원에 이르는 돈을 현금으로 인출해 사용했다. 영수증도 없었다. 게다가 관련 자료를 삭제했다는 사실도 당당하게 밝혔다. 그것도 모자라 50억 원이 넘는 금액을 추가로 모금했다. 전액 현금으로 모았고, 장부는커녕 계좌조차 존재하지 않았다. 전형적인 횡령의 패턴이다. 다른 일반적인 조직이었다면 협회가 뒤집어지고 관련자들은 몇 번이나 구속되고도 남을 만한 규모의 사건이었다. 하지만 무엇보다도 경준이 이 뉴스를 보고 놀란 것은 어떻게 이런 엄청난 사건이 기사 한 번으로 끝날 수 있는가 하는 점이었다. 더구나 그 기사마저 삭제되었다.

경준은 덴탈투모로우 홈페이지를 열어 이 기사를 작성한 김정식 기자의 이름으로 기사를 검색해보았다. 몇 년 간의 기사 목록이 화면에 쭉 나타났다. 그러나 김재형의 횡령 의혹을 다룬 기사가 나간 날짜 이후로는 김정식 기자의 기사가 없었다. 그 기사가 마지막이었다.

'이 사람을 만나야 돼.'

기자들은 몇 다리만 건너면 서로 다 알았다. 경준은 사내 메신저로 수소문해 반나절 만에 김정식의 연락처를 알아냈다.

"그 기사 때문에 잘린 거예요."

경준이 김재형의 횡령 의혹 기사에 대해 묻자 김정식이 대답했다. 그는 이름도 들어본 적이 없는 조그만 인터넷 신문사의 기자로 일하고 있었다.

"그냥 무조건 나가라고 했어요. 김정식 안 내보내면 세미나 블로그처럼 만들겠다고 협회에서 엄청나게 압력이 들어왔나 봐요."

"아니, 그게 가능한 일이에요?"

경준이 놀라 물었다.

"치과계 신문들은 그냥 다 치과협회의 기관지라고 보시면 돼요. 협회장 말이 곧 법이에요. 협회에 대해서 비판하면 그냥 폐간이에요. 구독 거부, 취재 거부, 출입 거부, 광고 거부, 뭐 이러는데 어떻게 버텨요."

"분위기를 뻔히 알면서도 그런 기사를 쓰신 거네요?"

"김재형은 서울대 성골이 아니에요. 치과협회는 원래 서울대 출신들이 꽉 잡고 있었거든요. 그런데 K대 나부랭이가 회장이 됐으니 서울대 어르신들이 얼마나 배알이 꼴렸겠어요. 서울대 출신 임원들이 저한테 회계 보고서 갖다주면서 제보해준 겁니다. 다 책임질 테니 기사로 내라고. 이걸로 김재형 끌어내릴 거라고. 편집장이랑도 다 얘기가 됐다고."

원한이 쌓인 이들은 취재하기가 쉽다. 몇 마디 묻지 않아도 술술 이야기를 풀어낸다.

"쿠데타였네요. 실패한."

"하하. 듣고 보니 그러네요. 비유를 잘하시네. 그런데 김재형이 보통 사람이 아니에요. 임원들 하나하나 약점을 다 쥐고 있었던 거예요. 바로 다 꼬리 내리더라고요. 저만 낙동강 오리알 된 거죠."

"대단하네요. 치과계 정치판도."

"장난 아니죠. 배운 양반들이 더해요."

이제 본론으로 들어갈 차례였다.

"그런데 김재형은 그 많은 돈을 다 어디다 썼을까요?"

"김재형의 꿈이 뭔지 아세요?"

김정식은 역시나 주저하지 않고 이야기를 시작했다.

"꿈이요?"

"국회의원 되는 거예요. 김재형은 회장 당선되고 나서 거의 절반은 국회로 출근했어요. 김양조 의원이랑 엄청 붙어 다니면서 이 의원실, 저 의원실 얼굴 도장 찍는 거죠. 사진 찍어서 협회신문에 자랑도 하고."

"국회의원이랑 친하다고 국회의원 되는 건 아니잖아요?"

경준이 물었다.

"아 그게, 사실은 이경수가 김재형이랑 김양조랑 연결시켜 준 거예요."

"이경수요?"

낯설지 않은 이름이다. 경준의 머릿속이 잠시 흐려졌다 이내 맑아졌다. 전 비례대표 국회의원이다. 김재형의 협회장 후보단 출정식 기사에 등장한 이름을 보고 김양조를 따라왔나 생각했었다.

"그 사람이 배지 메이커예요."

"배지 메이커요?"

처음 들어보는 말이었다.

"금배지 메이커요. 공천 브로커. 아이, 메이저 기자 양반이 그런 말도 모르시나? 하하."

"아, 제가 사회부라……."

경준은 민망한 표정을 지었다. 술술 불게 하려면 기를 세워 줘야 한다.

"비례대표로 국회의원 한 번 해먹은 사람인데, 변호사 출신이에요. 임기 끝나고 나서는 로펌 하나 차려놓고 법률 자문을 해요. 그런데 자문만 하는데도 수입이 소송 많이 하는 웬만한 로펌보다 많아요. 자문료 명목으로 사실은 공천 중개료를 받는 거죠. 로펌 수입은 다 공개되는 거 아시죠? 김재형도 이경수 로펌에다가 협회 법률 자문료로 15억을 썼어요. 협회 예산이 100억인데, 무슨 자문료를 15억이나 쓰겠어요. 지금 김재형이 곧 있을 재보궐 선거에 공천 받으려고 여의도에 돈을 뿌리고 다닌다는 소문이 파다해요."

"모금한 성금을 공천자금으로 사용했다고 생각하시는 거죠?"

"성금뿐이겠어요. 제 기사 보셨다면서요? 공천 헌금이란 말이 팬히 있는 게 아니에요. 특히 김재형은 별다른 이력이 없잖아요. 자기가 사회운동을 꾸준히 해온 것도 아니고, 운동권으로 감옥을 한 번 갔다온 것도 아니고. 그래서 덤핑치과네트워크 척결한다는 것도 여의도에다가는 무슨 영리병원을 막네, 의료영리화를 막네, 그러고 다니는 모양이더라고요. 암튼 이력이 없으니까 돈이라도 많이 써야겠죠."

경준은 공정거래위원회에서 영리병원 운운하는 김정민에

게 홍재가 한 방 먹였다는 이야기를 떠올렸다.

"혹시 누구한테 얼마나 썼는지 아세요?"

"누구겠어요. 친한 사람이겠지. 성금 모금한 거 다 쓰고도 모자라서 업체들한테 삥을 어마어마하게 뜯었어요. 업체 대표들이 나중에는 김재형을 피해 다녔다니까요."

술술 불던 김정식이었지만 국회의원의 이름을 직접 말하기는 부담스러운 모양이었다.

"그런데 기자님은 이런 얘기를 다 어떻게 아셨어요?"

"하하하하하하."

김정식이 지나치게 크게 웃었다.

"아니, 왜 웃으시죠?"

"어떻게 알았을 것 같아요?"

"글쎄요. 소문? 취재?"

김정식이 몇 번 더 웃고 난 뒤 말을 이었다.

"김재형 회장이 전형적인 골목대장 스타일이거든요. 치과계 기자들 불러다 앉혀놓고 술 먹이면서 잘나가는 척, 센 척하는 게 그 사람 낙이에요. 절반은 다 자기 입으로 떠벌린 얘기입니다."

안개가 많이 걷혔다. 김재형와 김양조의 관계를 이어준 브로커의 존재를 찾아냈다. 하지만 아직 부족하다. 결정적인 한 방이 필요하다.

'어디를 더 뒤져야 할까.'

경준이 영등포 로터리의 복잡한 신호를 기다리며 생각에 잠겼다.

욕망

> 이번 재보궐 선거는 대통령의 높은 지지율에 지난 정권의 실정에
> 대한 심판 여론이 더해져 전국 14개 의석 중 최소 10개 이상을 여
> 당이 무난히 차지할 것으로 전망된다. 여론조사 기관인 리얼센티
> 미터는 지난 6일…….

경준이 전해준 김정식 기자의 이야기는 그동안의 모든 정황을 설명하기에 충분했다. 그리고 그의 말대로 김재형은 국회의원이 되는 문턱까지 와 있었다. 광호는 불안했다. 김재형이 국회의원이 되면 과연 어떤 일이 일어날까.

김재형이 추진하는 사업 중 하나는 협회가 '자율징계권'을 갖는 것이었다. 자율징계권이란 협회가 직접 치과의사 면허를 박탈하는 징계를 내릴 수 있는 권한이다. 징계의 첫 번째 타깃은 광호처럼 가격 담합을 어기는 회원들이 될 것이 뻔하다.

협회의 또 다른 숙원 사업은 치과대학의 정원을 줄이는 것이다. 치과의사 수를 줄여야 기존의 치과의사들이 높은 수입을 유지할 수 있기 때문이다. 이들은 반대로 치과위생과의 정원은 늘리려고 한다. 그래야 치과위생사들을 값싼 월급으로 부릴 수 있다.

또 협회는 최근 대통령의 '달빛 케어'에 반대하고 나섰다. 달빛 케어는 모든 진료에 국민건강보험이 적용되도록 하겠

다는 정책이다. 실현 가능성을 두고 논란이 있긴 하지만 할 수만 있다면 국민들에게는 더할 나위 없이 좋은 일이다. 그런데 협회가 이에 반대하기로 한 이유가 기가 막혔다. 정부가 병원에 지급하는 건강보험급여의 인상률이 작년에는 2.6퍼센트였는데, 올해는 2.1퍼센트로 정해졌다는 게 그 이유였다. 정부가 치과계를 무시했으므로 달빛 케어에 동참하지 않겠다는 것이다.

가격 담합에 따르지 않는 치과의사들의 면허를 박탈하려 하고, 치과의사들의 높은 수입을 위해 치과대학을 없애려 하고, 무엇보다 치과의사들의 밥그릇을 국민건강보다도 더 중요하게 여기는 자가 대한민국의 국회의원이 되려 하고 있다.

김재형은 배신자를 처단하기 위해서라면 교과서에 나온 치료법도 불법으로 만들 수 있는 대범한 사람이다. 그리고 그 과정에서 장사하는 친구의 이권까지 살갑게 챙겨주었다. 아마 수고비는 좀 챙겼으리라. 어쩌면 애초에 수고비가 목적이었을지도 모른다. 이렇게 대범하고도 다정한 성품이기에 김양조에게도 뭉칫돈을 주었을 것이다. 그저 나랏일 더 열심히 하라는 격려의 뜻으로.

다만 검은 뭉칫돈은 쓰기 불편할 수 있다. 그래서 합법적인 하얀 돈도 입금해준 모양이다. 그런데 그 금액이 고작 500만 원이라니. 적은 돈은 아니지만, 김재형의 호연지기에는 어울리지 않는다. 이 부분을 광호는 이해할 수 없었다.

후원금 내역이 담긴 엑셀 파일을 한참이나 들여다보았다.
후원금을 내는 이들의 욕망은 무엇일까. 선한 욕망도 있을 것
이고, 악한 욕망도 있을 것이다. 금액은 18원부터 500만 원까
지 다양했다. 협회의 죗값이 50억 원으로 매겨진 것처럼 욕
망의 값도 다양했다. 금액이 큰 순으로 정렬해보았다. 욕망의
맥시는 500만 원으로 정해져 있었다. 500만 원을 낸 사람들
중에 김재형의 이름이 있다. 이번엔 입금한 날짜순으로 정렬
해보았다. 국정감사를 앞둔 시점에 가장 많은 내역이 집중되
어 있다. 김재형의 이름이 국정감사 보름 전 날짜에 보였다.
이름들을 의미 없이 읽어보았다. 김재형, 김진영, 박정호, 최
지훈, 이장석…… 이들은 어떤 욕망을 김양조에게 어필하고
싶었던 것일까.

'잠깐, 이장석?'

이장석. 한국치과협회 부회장의 이름이다. 김재형 때문에
치과협회신문을 빠짐없이 읽어온 광호에게 협회 부회장의
이름은 익숙했다. 게다가 덴탈갤러리 익명 게시판에서는 공
정위 사건 당시 협회의 회의록을 광호 측에 유출한 내부자가

이장석이라는 소문도 조심스럽게 돌았었다. 김재형의 연임을 막고 자신이 차기 회장 후보로 출마하기 위해서라는 해석이었다. 광호는 익명의 이메일로 자료를 받았기에 아직도 회의록을 보내준 사람이 누군지 모른다. 어쨌든 그는 김재형과 같은 날짜에 후원금을 보냈다. 금액도 500만 원으로 같다.

'김진영, 박정호, 최지훈.'

이들의 이름도 왠지 낯설지 않다. 모두 같은 날짜에 500만 원씩을 후원했다.

광호는 인터넷 창을 열어 한국치과협회 홈페이지에 접속했다. 협회소개 메뉴로 들어가 조직도를 펼쳤다. 피라미드 모양의 조직도 꼭대기에 김재형이 있었고, 그 아래에 임원들의 이름이 차례로 나타났다.

'부회장 이장석, 부회장 박정호, 부회장 최지훈, 총무이사 김진영……'

모두 협회 임원이었다. 협회 임원 명단과 후원금 내역의 명단을 하나씩 대조했다. 광호는 15명의 협회 임원을 더 찾아냈다.

김재형이 품었던 욕망의 값은 고작 500만 원이 아니었다. 1억 원이었다.

쪼개기

"브라보! 브라보, 브라보!"

경준이 박수를 치며 소리를 질렀다.

"대단해. 이걸 여러 사람 이름으로 나눠 냈을 줄은 생각도 못했어. 어떻게 알아낸 거야?"

경준이 기자인 저보다 낫다며 광호를 치켜세웠다.

"그냥 모니터를 가만히 째려봤지. 그랬더니 이름들이 튀어나오더라고."

"하하하, 삼디 모니터냐? 그 모니터 나도 하나 사자."

"아직 좋아하기는 일러. 홍재 말로는 분명히 각자 후원했지만 우연히 같은 날이었다고 우길 거래."

먼저 홍재와 상의한 광호가 경준의 흥분을 가라앉혔다.

"그게 말이 돼? 아무리 치과의사들이 단합이 잘된다고 해도 그렇지."

"일단 1억 원이 한 사람의 돈인지가 중요해. 한 사람 돈을 여러 사람 이름으로 나눠 내는 걸 쪼개기 후원이라고 하는데, 정치자금법 위반이래."

"음. 쪼개기 후원."

경준이 고개를 끄덕였다.

"그리고 그 돈이 개인의 돈인지 협회의 돈인지도 중요해. 단체의 돈으로 후원하면 정치자금법 위반이 된다는 거야. 성금 모금한 돈도 단체의 돈으로 친대."

"아마 네트워크 척결성금 아니면 횡령한 협회 돈이겠지."

"마지막으로 그 돈의 대가성을 입증해야 뇌물죄가 성립된대. 대부분 이걸 증명하지 못해서 처벌을 못한다는 거야."

광호가 홍재의 설명을 전부 경준에게 전했다.

"음. 최소한 정치자금법 위반은 걸 수 있을 것 같은데."

"경준이 너한테 청목회 사건을 참고하라던데."

"청목회 사건?"

경준은 회사로 돌아와 청목회를 검색했다. 쪼개기 후원금이 연관 검색어로 떴다. 청목회 사건은 청원경찰친목협의회가 자신들에게 유리한 법안을 통과시키기 위해 국회의원들에게 불법 정치자금을 제공한 사건이었다. 당시 청목회는 열 명이 넘는 국회의원에게 각각 수백에서 수천만 원의 정치자금을 제공했는데, 이때 후원 금액 제한을 피하기 위해 여러 사람의 명의로 금액을 나누는 쪼개기 수법이 사용되었다.

'김재형이 사용한 게 바로 이 방법이군.'

경준은 김재형이 여의도에 돈을 뿌리고 다닌다던 김정식의 말이 떠올랐다. 꼬박 반나절이 걸려 국회의원 300명 모두의 후원금 내역에 김재형의 이름이 더 있는지 검색했다. 4명의 국회의원 후원금 내역에서 김재형과 협회 임원들의 이름이 나왔다. 입금 날짜가 모두 같았고 금액도 500만 원씩이었다. 이들이 쪼개기 방식으로 김양조를 포함한 4명의 국회의원에게 후원한 금액은 모두 2억 원이었다.

"뭐 재미있는 거라도 있는 거야?"

취재를 마치고 돌아온 옆자리 동료 기자가 아메리카노 한 잔을 건네주며 경준의 컴퓨터 화면을 들여다봤다.

"재미있는 거 있지. 엄청 재밌는 거."

커피잔을 받아들자 진한 커피향이 확 올라왔다.

"음…… 특종의 향기!"

도대체 무슨 아이템이냐고 묻는 동료에게 경준은 씩 웃기만 했다.

절대로 발각될 리가 없다고 생각한 모양이었다. 경준의 전화를 받은 임원들이 우왕좌왕했다. 누구의 돈으로 후원했느냐는 질문에 임원들의 답이 엇갈렸다. 본인의 돈으로 후원했다고 대답한 임원이 있는가 하면, 협회에서 준 돈이라고 답한 임원도 있었다. 정치자금법의 내용을 잘 모르는 것 같았다. 입금 날짜를 묻는 질문에도 답은 제각각이었다. 후원 금액을 정확히 모르는 임원도 있었다. 천만 원 정도 했던 걸로 기억한다는 대답이 나왔다. 가장 놀라운 것은 본인의 이름이 국회의원 후원금 내역에 포함되어 있다는 사실 자체를 모르는 임원이 여럿이라는 점이었다.

'일단 한 사람 돈인 건 확실하군.'

후원금의 존재를 아는 임원들에게 후원한 이유에 대해 물었다. 이 부분은 미리 교육이 된 모양이다. 평소 김양조와 나머지 3명의 국회의원이 치과계의 현안에 대해 관심을 가져주었기 때문에 격려하고 응원하는 차원이었다는 앵무새 같은 대답이 나왔다. 혹시 불법 치아미백 시술 의혹 폭로와 관련된 것이 아니냐고 물었다. 전혀 그렇지 않다고 딱 잡아뗐다. 본인들도 뉴스를 보고서야 그런 불법 시술이 행해지는지 처음 알았다는 것이었다.

'졸업한 지 오래돼서 교과서에 나온 내용을 까먹으신 모양이지.'

협회 명의의 사과문을 어떻게 하룻밤 만에 1면 광고로 낼 수 있었는지 묻자 다들 버벅거렸다. 김재형에게는 아직 전화를 걸지 않았다.

김양조를 제외한 나머지 3명의 국회의원에게도 물었다. 그들은 협회 임원들의 후원 사실 자체를 모른다고 잡아뗐다. 후원자들이 무수히 많기에 감사한 마음으로 소중하게 사용할 뿐, 누가 얼마를 보냈는지 하는 것에는 군이 관심을 두지 않는다는 것이다.

'퍽도 관심 없겠네.'

불법 치아미백 시술 의혹에 대해 묻자 본인들은 잘 모르는 내용이라고 했다. 정말 모르는 것 같았다. 마지막으로 김재형의 공천에 개입한 사실이 있는지 완곡하게 돌려 물었다. 후보는 공천심사위원회에서 기준에 따라 공정하게 선발하는 것이지, 자신들은 전혀 개입할 수 없다며 불같이 화를 내었다.

'강한 부정이라……'

마지막으로 김양조 의원에게 전화를 걸었다. 받지 않았다. 의원실로 전화했지만 보좌관은 연결해주지 않았다. 의원실로 방문해도 되겠냐고 하자 보건복지부 장관 인사청문회 준비로 바빠 곤란하다고 했다. 이미 다른 의원들에게서 연락이

갔을 것이다. 잠시 후 보좌관이 보낸 메시지가 도착했다.

'한국치과협회 임원들의 정치자금 후원은 개인들의 자발적인 후원으로 알고 있으며, 평소 김재형 협회장과는 치과계 현안을 듣기 위해 몇 차례 만난 적은 있으나 개인적인 교류는 전혀 없습니다. 또한 불법 치아미백 시술 의혹은 한국치과협회와 전혀 관계없는 공익 제보자의 제보를 받고 관련 내용을 국정감사에서 질의한 것입니다. 최근 김양조 의원의 장관 지명을 반대하는 정치 세력에 의해 악의적인 루머가 유포되고 있다는 첩보가 입수된 바, 사실과 다른 허위사실을 보도할 경우 강력한 법적 대응을 할 것임을 알려드립니다. 감사합니다.'

메시지를 읽고 난 경준은 속으로 한참을 웃었다. 아직 아무 질문도 하지 않았기 때문이었다.

블러핑

김재형이 경준의 인터뷰 요청에 응했다. 다음 날 협회에서 만나기로 했다. 공천 발표가 코앞이었다. 조그마한 잡음도 그에겐 치명적일 것이다. 김재형은 질문지를 미리 보내달라고 했다. 이미 다른 임원들에게 했던 질문들을 정리해 협회 사무국의 이메일로 보냈다.

경준은 잠이 오지 않았다. 기사는 거의 완성했다. 내일 김재형과 인터뷰하고 그 내용만 채워 넣으면 끝이다. 지난번 환자 블랙리스트 보도로 경준은 기자상을 받았다. 광호의 제보 덕분이었다. 이번에도 광호 덕에 큰 건을 물었다. 환자 블랙리스트도 대단한 뉴스였지만 현역 국회의원, 그것도 장관 후보 지명자의 불법 정치자금 수수 의혹은 어떤 파장을 몰고 올지 예측할 수도 없었다. 두렵다. 조금의 허술한 내용도 큰 역풍을 맞을 것이다. 김양조의 경고처럼 법적 책임을 질 수도 있다. 철저하게 준비해야 한다. 광호에게 보답하려면.

"아이고, 기자님! 멀리 오시느라 고생하셨습니다. 하하하."

김재형이 환한 웃음으로 경준을 맞았다. 마치 오랜 친구를 만난 듯 다정한 표정이었다.

"안녕하십니까. 박경준이라고 합니다."

"박 기자님, 지난번에 취재 오셨을 때 제가 직접 챙겨드렸어야 하는데 정말 실례했습니다. 그때 제가 외부 일정이 있어서 어쩔 수 없이 김정민 이사를 내보냈어요."

김재형이 더 이상 친절할 수 없는 표정으로 경준을 자리로 안내하며 말했다. 환자 블랙리스트 취재 때는 회의실이었지만 이번엔 회장 집무실이다. 건물 입구에서부터 협회 사무국 직원 몇이 마중을 나와 있었다. VIP라도 모시는 듯 굽신거리는 통에 같이 몇 번이고 허리를 숙이느라 민망할 지경이었다.

"기자 선생님께서 오해하시는 부분들이 좀 있는 것 같습니다. 제가 오늘 다 시원언하게 설명해드리겠습니다. 정치 좀 한다고 하니까 그냥 사방에서 이상한 소문을 퍼뜨리고, 아주 참. 우리나라에서 정치인 되는 게 쉬운 일이 아닙니다. 하하하."

세상에서 가장 여유 있는 사람으로 보이기로 작정한 모양이었다. 표정과 말투는 조절할 수 있다. 하지만 생리 작용까지 조절할 수는 없는 법이다. 김재형의 목젖이 몇 번이나 위아래로 크게 움직였다. 혀를 살짝 내밀어 입술을 적시는 횟수도 잦았다.

"자, 어떤 것부터 말씀드릴까요? 아, 후원금 말이죠. 하아, 그게 참 우리 임원들이 제 말을 너무 잘 따릅니다. 열심히 하는 우리 김 의원님 좀 도와드리라고 했더니, 글쎄 다음 날로 곧장 달려갔나 봐요. 하하하."

뭐가 그리 웃긴 것인지 과장된 웃음이 거슬렸다. 김재형 앞에는 경준이 미리 보낸 질문지가 출력되어 있었다. 뻔한 질문과 뻔한 대답이 오갔다. 후원은 김재형의 제안에 임원들 각자가 자발적인 마음으로 한 것이고, 날짜가 같았던 것은 다들 김재형의 말을 너무 잘 들어서라고 했다. 금액이 같았던 것도 최대한 감사한 마음을 담느라 그렇게 된 것이고, 임원들의 대답이 오락가락했던 것은 쓸데없는 오해를 사지 않기 위해 후원 사실 자체를 비밀로 하라고 자신이 입단속을 했기 때문이라고 했다. 김재형은 자신이 너무나 앞뒤가 맞게 잘 해명했다고 생각하는 듯했다. 긴장한 기색도 사라졌고, 이제는 오히려 자신이 국회의원이 되고자 하는 비전을 경준에게 설명하기 시작했다.

"회장님, 뉴비오텍 주식은 어떻게 보유하게 되셨습니까?"

경준의 갑작스런 질문에 김재형의 윗입술이 순간 씰룩거렸다.

"아하. 그게 뭐…… 스읍…… 흠…… 아……."

김재형이 대답 없이 다양한 감탄사를 연발했다. 사실 경준은 김재형이 뉴비오텍 주식을 갖고 있는지 전혀 모른다. 도박을 걸었다.

"이번에 수익 많이 보셨겠어요? 보유량이 꽤 많으시던데."

"아닙니다, 아닙니다. 아주 조금 갖고 있어요. 정말 얼마 안 됩니다."

블러핑이 통했다. 성벽이 무너졌다. 다시 쌓기 전에 밀고 들어가야 한다.

"홍영한을 뉴비오텍에 취업시켜 주신 이유가 뭐죠?"

경준의 가슴이 세차게 뛰었다. 경준은 김재형이 홍영한의 이름을 아는지조차 모른다.

"아…… 뭐 그게 어떻게 된 거냐면…… 아니, 아니. 모르는 사람입니다. 처음 듣는 이름이에요."

같은 대답도 타이밍에 따라 진실이 되기도, 거짓이 되기도 한다. 김재형은 2초 늦었다.

"김천관 수사관하고는 왜 통화하셨죠?"

김재형의 표정에 웃음기가 완전히 가셨다.

"무슨 말씀하시는 건지 모르겠네요. 제가 경찰하고 왜 통화를 하죠?"

수사관은 경찰에도 있고 검찰에도 있다. 경준은 경찰이라고 말한 적이 없다.

"이봐요, 기자 양반. 질문지를 보내놓고 이렇게 엉뚱한 질문을 하면 어떻게 합니까. 이건 예의가 아니잖아요."

김재형의 목소리가 높아졌다. 얼굴도 어느새 붉어졌다. '기자님'이 '기자 선생님'이 되었다가 다시 '기자 양반'이 되었다.

"이경수가 공천을 대가로 요구한 금액이 얼마인가요?"

경준은 가슴이 쿵쿵거리는 것을 느꼈다. 거울을 보지 않아도 자신의 얼굴이 김재형의 얼굴만큼이나 붉어졌음을 알 수 있었다.

"더 이상 인터뷰 못해요. 당신 기자 맞아? 이런 예의 없는 경우가 어디 있어. 나가세요."

김재형이 무서운 얼굴로 경준을 노려보며 말했다. 욕망으로 가득 찬 듯한 볼살이 한참이나 아래로 쳐져 있었다. 김재형이 인터폰을 들어 직원들을 호출했다.

"덤핑치과 척결이라는 거, 애초에 관심이 있기는 하신 겁니까? 처음부터 그걸 이용해서 회장도 되고 국회의원도 되려는 플랜 아니었습니까?"

"나가세요!"

김재형이 크게 소리친 순간 직원들이 집무실로 급히 들어왔다. 그들은 놀란 눈으로 두 사람을 번갈아 바라보고 서 있었다. 경준은 고개를 살짝 숙여 인사하고 집무실을 걸어 나왔다.

원망

김양조 보건복지부 장관 후보 지명자가 사퇴했습니다. 일신상
의 이유라고 사퇴 이유를 밝혔지만 정치권은 지난주 불거진 한
국치과협회 김재형 회장의 불법 정치자금 스캔들에 연루된 것이
부담으로 작용했을 것이라고 분석하고 있습니다. 한편 검찰은
불법 정치자금 전달책으로 의심 받고 있는 이경수 전 국회의원
을 이미 소환조사했고 영장 청구 여부를 놓고 고심하고 있습니
다. 검찰 내부 관계자에 따르면 다음 주말 쯤 김재형 회장에 대
한 소환조사가 이루어질 것으로 보이며, 조사 내용에 따라 김양
조 의원의 소환 여부도 곧 결정될 것으로 보입니다. 한편 또 다
른 소식통에 따르면 검찰이 이경수 전 의원을 통해 불법 정치자

금을 수수한 전현직 의원이 다수 있다는 정황증거를 확보한 것으로 알려져 정치권에 큰 파장을 예고하고 있습니다.

경준의 기사는 정치권을 흔들었다. 보건복지부 장관 후보가 사퇴했고, 야당은 여당 주요 인사의 불법 정치자금 스캔들에 신이 난 듯했다. 며칠 동안 여당을 공격하기에 여념이 없었고 특검수사를 주장했다. 그러고는 특검수사와 여당의 복지확대 법안 통과를 교환하려 했다. 그러나 자신들의 과거를 전부 잊은 듯한 야당의 들뜬 모습에 국민들은 그다지 응원을 보내지 않았다. 시간이 지나자 야당 의원들은 청와대의 인사 책임자를 문책해야 한다며 공격의 타깃을 바꾸더니 결국 대통령의 사과까지 요구하고 나섰다.

여당 의원들 사이에서는 다음 보건복지부 장관 후보자가 누가 될 것인지를 두고 각축이 벌어졌다. 김재형의 공천이 내정되었다던 지역구에서도 다시 공천 경쟁이 뜨거워졌다. 김양조의 이름은 그가 사퇴를 발표한 순간부터 급속히 사람들의 관심에서 멀어져 갔다.

치과계에는 1년도 넘게 남은 차기 한국치과협회장 선거전이 이미 시작되고 있었다. 서울대 동창회를 중심으로 각 대학의 동창회가 모였다 흩어지기를 반복했다. 하지만 협회가 치과의사들의 삶에 그다지 관심이 없었던 것처럼, 대부분의 치과의사들은 협회장 선거에 그다지 관심이 없었다. 지난 몇 년 간 협회신문을 장식하던 김재형 회장의 이름은 어느새 자취를 감췄고 유력한 차기 회장 후보인 이장석의 이름이 그 자리를 차지했다. 김재형이 아직은 현 회장 신분임을 모두가 잊은 것처럼 행동했다.

정치인과 이익단체 사이에 돈이 오가는 일은 더 이상 국민들에게 흥미로운 뉴스거리가 아닌 모양이었다. 잊을 만하면 반복되는 정치권의 연례행사처럼 뉴스는 고작 며칠을 뜨겁게 달구고 사라져 갔다. 지난 몇 년간 워낙 어마어마한 일이 많이 일어났기 때문일지도 모른다. '강남 아줌마가 나라도 팔아먹었는데, 치과의사들이 정치인에게 돈 몇 푼 갖다준 건 별로 놀랍지도 않다'라는 댓글이 달렸다.

광호에게는 홍영한으로부터 장문의 문자메시지가 왔다.

'권광호 원장님, 홍영한입니다. 협회 때문에 공동구매 거래가 끊긴 후로 회사에서 무척 곤란한 입장에 처했습니다. 얼마 버티지 못하고 실직했습니다. 마침 둘째 아이까지 태어났지만 제대로 된 직장을 구하지 못해 힘들었습니다. 그러던 중 장민구로부터 연락이 왔습니다. 원장님과의 공동구매 거래에 대해서 꼬치꼬치 캐물었습니다. 그러면서 자신을 도와주면 좋은 직장을 얻도록 힘써주겠다고 하며 저를 서울로 데리고 갔

습니다. 서울에 올라가서 김재형 회장을 만났습니다. 두 사람
은 경찰서에서 저를 부를 테니 묻는 말에 무조건 맞다고만 대
답하라고 했습니다. 그렇게만 하면 뉴비오텍에 취업시켜 주겠
다고 했습니다. 경찰서에 가서야 무언가 잘못되었다는 것을
알았지만, 꿈도 못 꿔본 좋은 직장에 취업할 수 있다는 생각에
시키는 대로 할 수밖에 없었습니다. 원장님에 대한 고마움도
있었지만, 사실은 원망도 많이 했습니다. 원장님과 거래하지
않았다면 직장을 계속 다닐 수 있었을 테니까요. 하지만 뉴스
를 보고 제가 얼마나 나쁜 짓을 했는지 알게 되었습니다. 그래
서 이렇게 염치없이 용서를 구합니다. 며칠 전 불법 치아미백
사건의 담당 검사님이 저를 불렀습니다. 가서 이 모든 내용을
솔직하게 다 말씀드렸습니다. 죄송합니다. 건강하십시오.'

　어쨌거나 모든 일들은 제자리를 찾아가는 듯했다. 김재형
과 김양조, 그리고 그의 친구들은 충분치는 못하더라도 대가
를 치르게 될 것이다. 또한 광호의 억울한 누명도 벗겨질 것
이다. 치과의사들도 전처럼 광호와 '배신자들'을 대놓고 괴롭
히진 못할 것이다. 하지만 광호는 개운치가 않았다. 무언가
중요한 것을 빠트린 느낌이었다. 이 모든 일은 왜 일어났던
가. 진짜 피해자는 결국 누구였던가.

스릴러

"세상 참 좁다. 서초동에 다 모였네?"

홍재가 신기하다는 듯 웃으며 말했다.

경준이 특종을 터뜨린 지 석 달이 지났다. 그동안 김재형과 김양조는 검찰에 각각 두 번씩 불려갔다. 정치권의 눈치를 보던 검찰은 사건이 사람들의 관심에서 한참이나 멀어진 후에야 두 사람의 구속영장을 청구했다. 오늘이 두 사람의 구속영장 실질심사가 열리는 날이다. 길 건너 법원에는 이미 두 사람이 판사들과 마주 앉아 있을 것이다.

"너네도 여기 앉아 있으니까 정말 원수들이 다 모였다."

광호가 홍재와 경준을 번갈아 보며 같이 웃었다. 셋은 서초동의 한 카페에 모여 앉아 있었다.

그사이 경찰은 불법 치아미백 사건 수사를 종료하고 검찰에 송치했다. 검찰은 사건을 마무리하기 전에 추가조사할 것이 있다며 광호를 불렀다. 오늘이 광호가 출석하기로 한 날이었고, 장소는 법원의 길 건너 맞은편에 있는 서울중앙지검 형사부였다.

"저 둘은 구속될까?"

경준이 홍재에게 물었다.

"나도 몰라. 판사님들 마음이지 뭐. 그런데 말이야. 김재형 사위가 둘인데 하나는 검사고 하나는 판사래. 믿는 구석이 있으니까 그렇게 마구 질러댄 건가 봐."

"정말? 어떡해? 광호, 너 오늘 작살나는 거 아냐?"

경준이 홍재의 말을 듣고 장난스럽게 광호를 놀렸다.

"다행히 광호 담당 검사는 아닌 모양이니까 너무 겁먹지 마, 하하."

두 사람의 농담에 광호가 소리 없이 미소 지었다.

"경찰은 치아미백 사건을 결국 유죄 취지로 검찰에 올렸다는 거지?"

경준이 광호에게 물었다.

"응. 그런 모양이야."

광호가 대답했다.

"그런데 말이야. 경찰이 광호에게 적용한 혐의가 뭔 줄 알아?"

홍재가 경준에게 퀴즈를 내듯 물었다.

"당연히 의료법 위반이겠지."

"아니야. 약사법 위반이래."

"엥? 치과의사가 웬 약사법 위반이야?"

"광호야, 네가 설명해줘봐."

홍재가 광호에게 대답을 넘겼다.

"치아미백 시술할 때 과산화수소랑 분말이랑 섞어서 반죽한다고 그랬잖아. 그게 새로운 약을 조제한 행위래. 약사가 아닌 사람이 약을 조제했으니 약사법 위반이라는 거지."

광호가 특유의 조곤조곤한 말투로 차분히 설명했다.

"미친. 아니, 그럼 애기 엄마들이 물약이랑 가루약이랑 섞어 먹이면 그것도 약사법 위반이야? 애기 엄마들 다 잡아들여야겠네."

경준이 어이없어 하며 웃었다.

"아마 혐의 없음으로 종결될 거야. 이걸 기소하면 진짜 쪽팔린 일이지. 혹시라도 그러면 내가 무료 변론해줄 테니까 걱정하지 마."

홍재가 내심 긴장한 광호를 안심시켰다.

"홍영한이 검사한테 사실대로 다 털어놓았나 봐. 원래 착한 친구였어. 잘 해결될 것 같아."

광호는 홍영한에게서 온 문자메시지를 홍재와 경준에게 보여주었다. 홍재는 홍영한이 거짓 진술을 한 자신의 처벌을 가볍게 하기 위해 보낸 문자라는 것을 알았지만, 굳이 광호에게 이야기하지는 않았다.

"그런데 그 김정민이라는 친구는 뭐하는 사람이야?"

경준이 광호에게 물었다.

"'공정사회를 위한 치과의사회'라는 단체가 있는데, 거기 출신이야."

광호가 대답했다.

"공정사회를 위한다면서 하는 말들은 왜 그 모양이래?"

경준이 다시 물었다.

"평소에는 노동자들이나 사회적 약자 편에 서기도 해. 그런데 치과의사들 이익과 관련된 일에는 전혀 그렇지 않더라고. 공정위 과징금 처분이나 환자 블랙리스트 건에 대해서도 협회 감싸기에만 바쁘더라."

"음. 자기들 밥그릇 싸움 앞에서는 어쩔 수 없는 모양이네."

"갑자기 김정민은 왜?"

광호가 경준에게 물었다.

"그 친구 형이 MBS 보도국 부국장이래. 피디파일도 다 김재형 작품이었나 봐."

"아하…… 어쩐지. 김정민이 방송에 나와서 열변을 토하더라."

광호가 뒤늦게 퍼즐 조각 하나를 더 찾은 듯 탄식했다.

"경준이는 기자상을 두 번이나 탔는데 광호한테 밥 안 사?"

홍재가 경준에게 물었다.

"야, 기자가 무슨 돈이 있어. 변호사랑 치과의사가 사야지."

"내가 사건 다 끝나면 밥 살게. 너네 덕분에 내가 지금까지 버텼잖아."

광호의 말에 홍재와 경준은 씩 웃고는 말이 없었다. 부산 남자들은 고맙다고 말하는 법도, 거기에 답하는 법도 잘 모른다.

"광호, 너는 사건 다 마무리되면 이제 심심하겠다. 워낙 시끄럽게 살았잖아."

홍재가 긴장한 광호를 안심시키기 위해 모두 잘 해결될 거라는 듯 말했다.

"나 바쁠 것 같아. 지금까지 있었던 일, 전부 글로 한 번 써보려고."

"글?"

"무슨 글?"

홍재와 경준이 동시에 물었다.

"지금까지 있었던 일, 전부 다 기록으로 남길 거야."

광호가 대답했다.

"오호, 재미있겠다. 진짜 그동안 이야기 다 모으면 소설 책 한 권은 나올 거야."

경준이 말했다.

"그러잖아도 다 쓰면 소설로 내볼 생각이야."

"소설?"

"제목은?"

홍재와 경준이 또다시 동시에 물었다.

"제목은 '임플란트 전쟁'. 장르는 스릴러."

광호는 농담을 할 때도 늘 진지한 표정이다. 홍재와 경준은 광호의 말이 농담인지 진담인지 헷갈렸다.

"그런데, 명예훼손이니 허위사실유포니 하면서 또 시끄러워지지 않을까?"

홍재가 걱정스럽게 물었다.

"발끈하면 '내가 범인이요' 하는 거지 뭐."

광호의 대답에 홍재와 경준이 말없이 웃었다.

"소설을 써본 적은 있어?"

홍재가 물었다.

"아니. 하지만 있었던 일 그대로 쓰면 사람들은 소설인 줄 알걸."

광호가 대답했다.

"하긴, 워낙 믿기 힘든 이야기들이니까. 요즘 양심치과의사가 유명하던데, 너도 그런 양심치과의사로 뜨는 거 아냐?"

경준이 물었다.

"아니지. 앙심을 품고 썼으니까 앙심치과의사겠지."

"그러네. 하하하."

홍재의 말에 경준과 광호가 함께 웃었다.

"이제 겨우 조용해졌는데 굳이 책을 내려는 이유는 뭐야?"

경준이 조금 걱정스러운 듯 물었다.

"사람들이 치과의사한테 가장 궁금해 하는 게 뭔지 알아?"

광호가 대답 대신 되물었다.

"음…… 사랑니 꼭 빼야 하는지?"

경준이 답했다.

"제일 많이 하는 질문은 그거 맞아. 그런데 사람들이 더 궁금해 하지만 차마 물어보지 못하는 질문이 있어."

"그게 뭔데?"

"'치과는 왜 이렇게 비싼가요?'"

광호의 대답에 홍재와 경준이 고개를 끄덕끄덕했다.

"알려주고 싶어. 왜 그럴 수밖에 없었는지."

검사와 약속한 시간이 되었다. 광호는 늘 그렇듯 속을 알 수 없는 무던한 표정으로 자리에서 일어났다. 홍재와 경준은 검찰청 안으로 걸어 들어가는 광호의 뒷모습을 한참 동안 지켜보았다.

임플란트 전쟁

초판 1쇄 발행 2018년 8월 30일
초판 6쇄 발행 2018년 12월 20일

지은이 고광욱
발행인 이원주

임프린트 대표 김경섭
책임편집 정은미
기획편집 권지숙 · 정인경 · 송현경
디자인 정정은 · 김덕오
마케팅 윤주환 · 어윤지 · 이강희
제작 정응래 · 김영훈

발행처 지식너머
출판등록 제2013-000128호
주소 서울특별시 서초구 사임당로 82(우편번호 06641)
전화 편집 (02) 3487-4750 영업 (02) 3471-8044

ISBN 978-89-527-9359-1 03300